혁명

REVOLUTIONS : A Very Short Introduction, First Edition

첫 단추 시리즈
010

혁명

잭 A. 골드스톤 지음
노승영 옮김

교유서가

뭐든지 가능하게 하는 아내 지나에게

감사의 말

마크 바이싱어, 스티븐 쿡, 윌리엄 도일, 존 포런, 스티븐 하버, 리처드 해밀턴, 마크 키슐란스키, 앨런 나이트, 찰스 커즈먼, 존 마코프, 이언 모리스, 샤론 에릭슨 넵스태드, 존 패짓, 실비아 패드라사, 엘리자베스 페리, 에릭 셀빈, S. A. 스미스, 발터 샤이델, 고든 우드 등 원고를 읽고 논평해준 혁명 연구자들에게 감사합니다. 덕분에 많은 오류를 바로잡을 수 있었습니다만, 남은 오류는 제 탓입니다.

저를 격려하고 뒷받침하고 원고를 꼼꼼히 검토하고 빼어나게 편집한 옥스퍼드 대학 출판부의 편집자 낸시 토프, 조엘린 아우상카, 맥스 리치먼에게 큰 빚을 지고 있습니다. 매사에 높은 수준을 고집하는 이들의 태도는 편집자의 귀감입니다.

멋진 아내 지나 세일먼골드스톤은 각 장의 명료성과 문체를 점검했습니다. 이 책이 읽기에 쉽고 즐겁다면 그것은 아내 덕입니다.

차례

제 I 장

혁명이란
무엇인가?

1789년 7월 14일 오전에 한 무리의 파리 노동자들이 바스티유 왕실 감옥을 습격했다. 탈영병이 대포를 가지고 합류하고 인근에 주둔한 군대가 방관하는 사이에 무리는 오후 늦게 요새에 쳐들어가 사령관을 죽이고 그의 머리를 창에 꿰었다. 그날 저녁에 루이 16세는 라로슈푸코 공작에게 이렇게 물었다고 한다. "폭동(révolte)인가?" 공작이 대답했다. "아닙니다, 폐하. '혁명(révolution)'입니다!"

공작이 이렇게 대답한 것은 파리의 군중이 단지 빵값을 내리라거나 인기 없는 장관을 해임하라거나 왕비 마리 앙투아네트의 이기적 사치에 항의한 것이 아님을 알고 있었기 때문이다. 군중은 삼부회 제3계급(평민) 대표들의 주도하에 국민의회(Assemblée nationale)를 지지했다. 3주 전에 국민의회는 국왕을 거부하고, 귀족도 성직자도 아닌 자신들이 프랑스의 진정한 지도자라고 선언했다. 민중이 이들을 지지하고 군인들이 탈영하여 이들에게 합류한다면 프랑스의 옛 사회·정치 질서는 무너질 터였다.

두 가지 거대한 관점이 혁명에 대한 우리의 견해를 빚는다. 하나는 영웅적 혁명관이다. 이 관점에서는 억압받는 대중이 자신들을 이끄는 지도자들에게 고무되어 불의한 통치자를 끌어내리고 민중이 자신의 자유와 존엄을 찾도록 한다. 혁명은 폭력적이지만, 옛 체제를 무너뜨리고 그 지지자들을 격파하려면 폭력을 쓸 수밖에 없다. 폭력은 사회 정의를 가져다줄 새 질서의 탄생을 위한 진통이다. 그리스와 로마의 공화국 건설 전통에 뿌리를 둔 이 이상(理想)은 토머스 페인(Thomas Paine)과 쥘 미슐레(Jules Michelet) 같은 미국 독립 혁명과 프랑스 혁명 옹호자들이 내세웠다. 후대에 카를 마르크스, 블라디미르 레닌, 마오쩌둥과 그 추종자들은 빈곤층이 부유층에 필연적 승리를 거둔다는 이론으로 이 이상에 근대적 형태를 부여했다.

하지만 이와 대립하는 두번째 관점이 있다. 여기서는 혁명이 대중적 분노의 표출이며 혼란을 낳는다고 여긴다. 이 관점에 따르면, 폭도를 부추기는 개혁가의 취지가 아무리 갸륵하더라도 군중은 피를 요구하고 폭력의 파도를 일으켜 심지어 혁명 지도자까지도 파멸시킨다. 혁명 지도자들은 비현실적 몽상과 자신의 영광을 좇다 문명사회를 황폐화하고 불필요한 죽음과 파괴를 부른다. 에드먼드 버크(Edmund Burke)와 토머스 칼라일(Thomas Carlyle)에서 찰스 디킨스(Charles Dickens)에 이르기까지 프랑스 혁명의 과도한 폭력을 두려워한 영국의 비판자들이 이 관점을 내세웠다. 후대에 러시아 혁명과 중국 혁명을 비판한 사람들은 스탈린과 마오쩌둥이 추구한 변혁이 사람들에게 끼친 피해를 강조했다.

사실, 혁명의 역사를 들여다보면 두 가지 측면을 다 볼 수 있다. 혁명의 실제 양상은 엄청나게 다양하다. 비폭력적 혁명이 있는가 하면 피비린내 나는 내전으로 이어진 혁명도 있다. 민주주의를 낳고 자유를 증진한 혁명이 있는가 하면 잔혹한 독재를 낳은 혁명도 있다. 오늘날 정치 지도자들은 혁명의 신화와 맞서기보다는 혁명이 왜 일어나고 어떻게 진화하는지 이해하는 데 더 관심을 둔다. 1979년에 이란과 니카라과에서 일어난 혁명, 1989~1991년에 소련과 동유럽에서 일어난 혁명, 2011년에 아랍 전역에서 일어난 혁명 등 예기치 않은 장소에서 터져나오는 혁명은 통치자에게 충격을 안겼을 뿐 아니라 국제 질서를 뒤흔들었다.

이 책에서는 혁명이 왜 일어나는지, 왜 우리를 놀라게 하는지, 역사의 진행 과정에서 혁명이 어떻게 발전했는지, 국내·국제 정치의 어떤 영역에 영향을 미쳤는지에 대한 물음에 답하고자 한다. 하지만 우선 혁병이 정확히 무엇인지, 또한 혁명이 그 밖의 소요나 사회 변화와 어떻게 다른지 분명한 개념을 알아야 한다.

'혁명'의 정의

유사 이래 사람들은 불운과 억압으로 고통받았다. 대부분의 시기에 사람들은 끈기와 체념, 또는 기도와 희망으로 불운과 억압에 대처한다. 고통받는 사람들은 대체로 권력의 힘이 너무 거대해서 바꿀 수 없으리라 생각하며 자신이 너무 고립되고 나약해서 변화의 주체가 될 수 없으리라 여긴다. 설령 사람들이 권위에 저항하더라도 대부분의 행동은 고립되어 쉽게 진압된다.

따라서 혁명은 드물다. 억압과 불의보다 훨씬 드물다. 통치자가 나약하고 고립되었을 때, 엘리트가 정부를 방어하기보다는 공격하기 시작할 때, 사람들이 함께 행동하여 변화를 이끌어낼 수 있는 다수의 연합된, 올바른 집단의 일원으로서 스스로를 자각할 때만 혁명은 일어난다.

정치학자와 역사학자는 혁명을 여러 가지로 정의했다. 혁명이 정부의 강제적 변화, 대중 참여, 제도 변화와 연관되었다는 데는 대부분 동의하지만, 혁명이 비교적 급작스러워야 한다고 주장한 사람도 있고 혁명이 폭력을 동반한다고 주장한 사람도 있다. 혹자는 빈곤층이 부유층과 맞서거나 평민이 특권층에 맞서는 계급 투쟁이 혁명과 관계가 있다고 주장한다. 하지만 혁명은 이 점에서 각양각색이다.

중국 공산혁명에서 마오쩌둥은 20년 넘도록 농촌에서 농민을 조직하고 국민당 정권과 싸운 뒤에야 권력을 장악했다. 필리핀의 피플 파워 혁명과 우크라이나의 오렌지 혁명 같은 최근의 '색깔' 혁명은 대부분 몇 주 만에 신속하게 전개되었으나 비폭력적 성격을 유지했다. 미국 독립 혁명을 비롯한 많은 반(反)제국주의 혁명에서는 모든 계급의 구성원이 제국주의 권력과 맞섰지만 부나 사회적 지위의 재분배는 전혀 또는 거의 이루어지지 않았다.

20세기의 상당 기간 동안 사회학자들은 혁명의 주관적 측면에 대한 연구를 꺼렸다. 이 '구조주의자'들은 더 쉽게 관찰할 수 있는 갈등과 제도 변화의 특징들에 주목하고 싶어했다. 하지만 최근 들어 혁명 연구자들은 사회 정의의 이념과 담론이 혁명적 동원과 혁명의 결과에 얼마나 중요한지 깨달았다. 사회 정의의 추구는 사람들이 자신의 혁명적 정체성을 어떻게 정의하고 자신의 행동을 어떤 틀에 맞추는가와 불가분의 관계다.

　따라서 혁명은 '대중 동원 및 제도 변화'와 '사회 정의의 이상을 담은 추동 이념' 둘 다의 관점에서 정의하는 것이 최선이다. **혁명**은 사회 정의의 이름으로 대중을 동원하여―군사적 동원이든 민간인의 동원이든 둘 다든―정부를 강제로 무너뜨리고 새로운 정치제도를 만들어내는 것이다.

혁명은 무엇이 아닌가

　혁명을 정의할 때 가장 힘든 점은 혁명과 비슷하지만 더 일반적인 파괴적 사건을 혁명과 어떻게 구분할 것인가다. 특히, 이런 사건은 거의 언제나 혁명의 일환으로 일어난다. 이러한 요소 사건으로는 농민 반란, 곡물 폭동, 파업, 사회 운동과 개혁 운동, 쿠데타, 내전 등이 있다. 이 모든 사건에는 나름의 원인과 결과가 있지만, 특정한 조건이 충족되어야만 혁명으로 이어진다.

　농민 반란(peasant revolt)은 농촌에서 일어나는 봉기를 일컫는다. 이러한 봉기는 현지 지주의 요구에 저항하기 위한 것일 수도 있고 국가 대리인(세리 등의 관리)을 저지하기 위한 것일 수도 있다. 이들은 대체로 자기네 지역의 이례적 곤경에 대해 이목을 끌고자 한다. 이들의 목표는 정부의 도움을 얻어 현지의 문제를 해결하는 것이지 정부 자체를 교체하는 것은 아닐

때가 많다.

곡물 폭동(grain riot)은 식량이 부족하거나 가격이 지나치게 높은 것에 항의하기 위한 대중 동원을 일컫는다. 이들은 운송중이거나 보관중인 곡물을 탈취하고, 빵집이나 상인을 공격하고, 로빈 후드처럼 빈곤층에 식량을 배분하고, 가격 제한이나 정부 보조금을 요구한다. 곡물 폭동은 사람들이 곡물을 비롯한 생필품을 시장 가격으로 사야 하는 도시에서 주로 일어나지만, 농촌에서도 곡물을 운송하거나 보관하는 요충지에서 일어날 수 있다. 2007~2008년에 전 세계 식량 가격이 상승했을 때 아프리카 여남은 나라에서 곡물 폭동이 일어났다. 농민 반란과 마찬가지로, 곡물 폭동은 정부를 교체하기보다는 정부의 도움을 얻고자 하는 경우가 많다.

파업(strike)은 노동자들이 고용주를 위해 일하지 않도록 동원하는 행위다. 대체로 임금, 노동 시간, 안전, 작업 규칙 같은 작업장 사안에 치중하며 특정 지역이나 산업에 국한된다. 하지만 정부 정책에 대한 노동자들의 불만이 널리 공유되면 이들은 전국적으로 작업을 거부하는 총파업이나, 문제가 되는 정부의 정책이 바뀔 때까지 채굴, 에너지, 운송 같은 핵심 산업에서 노동자들이 조직적으로 작업을 거부하는 정치 파업을 시도하기도 한다. 이런 파업은 소련과 동유럽의 공산 정권을 무너뜨리는 데 중요한 역할을 했다.

농민 반란과 곡물 폭동은 전통적 농업 사회에서 주로 나타나는 혁명 형태다. 이에 반해 대다수 현대 사회에서는 정부 정책에 대한 저항이 사회 운동이나 개혁 운동의 형태를 띤다. 사회 운동(social movement)은 특정 집단이나 대의를 위한 대중동원을 일컫는다. 이들은 집단 구성원에 대한 차별이나 억압에 초점을 맞추는 것이 일반적이다. 사회 운동은 민권 운동이나 미국의 베트남 전쟁 반대 운동처럼 파괴적이거나 정권 폭력을 유발할 수 있다. 이들은 연좌 농성, 행진, 불매 운동, 국가건물이나 공공장소 점거 같은 전술을 쓴다. 그럼에도 대다수 사회 운동의 목표는 특정 집단의 불만을 해결하는 것에 국한된다.

개혁 운동(reform movement)은 기존 정부 제도의 변화를 명시적으로 추구한다. 이들은 부패를 억제하는 새로운 법률, 투표권 확대, 지방 자율의 증대 등을 추구한다. 하지만 기존 정부를 무너뜨리려 하기보다는 법정이나 선거에서 승리하거나 새로운 법률을 통과시키거나 헌법을 개정하는 등 제도 변화를 위한 합법적 절차를 추진하여 목표를 달성하고자 한다. 정부가 의미 있는 변화에 저항하거나 이를 지연시키고 개혁가들을 탄압할 때만 이들은 혁명적으로 바뀐다. 이를테면 독재자 포르피리오 디아스(Porfirio Díaz)가 온건파 개혁가 프란시스코 마데로(Francisco Madero)를 투옥하고 (개혁파가 승리한 것으로 추정되는) 선거 결과를 조작하자 비로소 멕시코 혁명이 일어났다.

이러한 종류의 소요와 운동은 대체로 국지적 불만이나 집단적 불만의 해결을 목표로 삼는다. 하지만 정부 전복을 목표로 삼는 사건들도 있다. 쿠데타, 급진적 사회 운동, 내전이 이에 해당한다. 하지만 이런 사건들도 혁명으로 이어지지 않는 경우가 대부분이다.

정부의 강제적 전복을 낳는 가장 흔한 행위는 쿠데타(coup d'État)다('쿠데타'는 말 그대로 '국가에 대한 타격'이라는 뜻이다). 쿠데타는 권위주의적 지도자 한 명이나 소규모의 지도자들이 대중 동원이나 시민 투쟁 없이 정부를 장악하는 것이다. 민주제나 군주제에 대한 군사 쿠데타가 새로운 정치제도를 낳기는 하지만, 그 과정에서 폭넓은 사회 정의 원칙을 내거는 경우는 드물다. 오히려 쿠데타 지도자들은 자신의 행위가 질서를 회복한다거나 용납할 수 없는 부패를 근절한다거나 경제적 쇠퇴를 중단시킨다는 명분을 내걸며, 임무를 완수하면 물러날 것이라고 주장한다. 2006년 태국과 2010년 니제르에서 일어난 최근의 군사 쿠데타가 좋은 예다.

반면에 쿠데타 지도자나 추종자가 새로운 정의와 사회질서 원칙으로 사회를 재구성할 전망을 제시하고, 그 전망에 대한 지지를 구축할 대중 동원 프로그램을 추진하고, 새로운 제도를 만들이내 전망을 실현하면 쿠데타가 혁명으로 이어질 수도 있다. 터키에서 일어난 아타튀르크(Mustafa Kemal Atatürk)의 세속주의적 민족주의 혁명, 이집트에서 일어난 나세르(Gamal Abdel Nasser)의 민족주의 혁명, 포르투갈 장교들의 혁명이 모두 이런 혁명이다.

급진적 사회 운동(radical social movement)은 대다수 사회 운동과 달리 국가의 강제 전복을 꾀한다. 하지만 소수의 추종자를 넘어서 이 목표를 공유하는 다양한 집단의 폭넓은 연합을 만들어내지 못하면 유효한 혁명 운동이 되지 못한다. 소수파에 머무르는 급진적 사회 운동은 빅토르 위고의 『레미제라블 Les Misérables』에 등장하는 가련한 학생 봉기처럼 쉽게 고립되고 진압된다.

내전(civil war)은 곧잘 정부를 강제로 무너뜨린다. 내전은 같은 왕족끼리 서로 권리를 주장하는 왕위 계승 분쟁에서 일어날 수도 있고, 군 장교들이 무장 지지 세력을 동원하여 반목하고 경쟁하다가 일어날 수도 있고, 종교 집단이나 민족 집단이 경쟁 집단을 몰아내려 할 때도 일어날 수 있다. 하지만 이 중 어떤 경우에도 사회 정의의 새로운 이상을 실현하려는 꿈이 정부 전복의 시도를 추동하지는 않는다. 혁명적 이상을 품은 지도자가 자신의 이상을 실현하기 위해 정부를 무너뜨릴 군대를 조직할 때만 이를 혁명전쟁이라 부른다. 이 시도가 성공하여 정치제도가 바뀌면 이것은 혁명이다.

혁명적 내전은 옛 정권이 이미 무너진 뒤에 일어날 수도 있다. 옛 정권에서 특권을 누리던 사람들이나 그저 달갑잖은 변화에 반대하는 사람들이 반(反)혁명 세력을 조직하여 새 혁명 정부와 전쟁을 벌일 수도 있다. 1918~1921년 러시아 백군(白軍)과 적군(赤軍)의 전쟁이나 1913~1920년 멕시코 내전에서 보듯—둘 다 수백만 명이 목숨을 잃었다—혁명 지도자가 반혁명에 맞서 투쟁할 때 역사상 최대 규모의 내전이 일어나기도 한다.

앞에서 언급한 사건 이외에도, 혁명에 대해 이야기할 때 '반란, 봉기, 모반, 게릴라전' 등의 용어도 자주 쓴다. 이 용어들은 '혁명'과 혼용되기도 하지만, 같은 것을 뜻하지는 않는다. 반란(rebellion)은 기존 정부의 권위를 인정하기를 거부하거나 무너뜨리려 하는 집단이나 개인의 모든 행위를 일컫는다. 따라서 법원이 통치자의 명령에 대한 승인을 거부하는 엘리트의 반란이 일어날 수도 있고, 군중이 광장을 점거하고 정부의 해산 요구를 거부하는 민란이 일어날 수도 있다.

모든 혁명 시도는 정의상 반란이기에, 정권을 무너뜨리려다 실패한 시도는 곧잘 반란이라고 불린다. 하지만 성공한 반란이 전부 혁명으로 이어지는 것은 아니다. 왕위 계승권을 주장하는 군주가 국왕에게 대항하여 군대를 일으키는 것은 반란이다. 하지만 군주가 성공하여 새 국왕이 되고 모든 정부 제도가 대체로 유지되면, 혁명이 일어난 것이 아니다. 봉기 (uprising)와 모반(insurrection)은 민란의 일종으로, 봉기는 대체로 무장하지 않았거나 초보적으로 무장한 민중 반란인 반면에, 모반은 일정한 정도의 군사 훈련과 조직을 동반하며 반란 세력이 군사 무기와 군사 전술을 이용한다.

게릴라전(guerrilla warfare)은 반란과 혁명에서 종종 이용하는 전쟁 방식을 뭉뚱그려 일컫는다. 정규전은 정규 편제의 대규모 군사 단위로 조직되어 막사에 주둔하면서 군수품을 보급받는 전투원에게 의존하는 반면에, 게릴라전은 비정규적 규모의 단위로 조직되어 자급자족하거나 현지인들 사이에 섞여 들어 보급을 받으며 기동력이 뛰어난 소수의 전투원에게 의존한다. 게릴라전은 더 강력한 적과의 총력전을 피하고 꾸준한 손실을 가함으로써 규모와 전력이 우월한 적군을 영토에서 몰아내려는 소규모 세력에 특히 유용하다. 따라서 (처음에는) 적은 수로 강력한 정부에 맞서는 혁명 세력이 게릴라전을 즐겨 선택한다. 중국 공산주의자, 베트콩, 쿠바의 카스트로 군대, 니카라과 산디니스타는 모두 게릴라전을 썼다. 하지만 지지자가 늘고 (주로 외국으로부터) 더 많은 자원을 확보하면 더 정규적인 전쟁으로 전환하여 권력을 놓고 최종 결전을 벌였다.

이렇듯 농민 반란, 곡물 폭동, 파업, 사회 운동, 쿠데타, 내전은 모두 혁명 과정에서 일어날 수 있으며 혁명 투쟁의 중요한 구성 요소다. 그럼에도 혁명은 이 요소 중 어느 것 하나와도 일치하지 않는다. 혁명이 역사와 대중적 상상력에서 고유한 역할을 하는 것은 오로지 혁명만이 정부의 강제적 전복, 대중 동원, 사회 정의라는 이상의 추구, 새로운 정치제도의 창조 등의 요소를 **모두** 조합한 것이기 때문이다. 이 조합이야말로, 선지자적 지도자가 군중의 힘에 의지하여 새로운 정치 질서를 강제로 성립시키는 과정을 우리가 혁명으로 인식하는 이유다.

제 2 장

혁명은
왜 일어나는가?

혁명에 대한 흔한 오해 중 하나는 혁명이 자포자기의 행위
라는—사람들이 "지긋지긋해. 더는 참을 수 없어"라고 말할
때 혁명이 일어난다는—것이다. 하지만 학자들의 연구에 따
르면 이러한 견해는 틀렸다.

우선 이런 물음을 던져보자. "**무엇을** 더는 참을 수 없다는
것인가?" 가능한 대답 중 하나는 빈곤이다. 너무 가난해서 생
존이 위협받을 지경이 되면 사람들은 반란을 일으킨다. 이것
이 완전히 틀린 것은 아니다. 경제적 불만은 종종 반란에서 일
정한 역할을 하기 때문이다. 하지만 빈곤은 일반적으로 혁명
과 연관되지 **않는다**. 최악의 빈곤은 주로 흉작이나 기근 때문
에 생기지만, 1840년대 아일랜드 감자 대기근 같은 대다수의

기근은 혁명으로 이어지지 않았다.

실제로 혁명은 최빈국보다는 중간 소득 국가에서 일어나는 경우가 더 많다. 미국 독립 혁명이 일어났을 때 미국 식민지 주민은 유럽 농민보다 훨씬 잘살았다. 심지어 유럽에서도 1789년 프랑스 혁명이 일어난 프랑스의 농민은 러시아 농민보다 대체로 잘살았다. 러시아에서 혁명이 일어난 것은 100년도 더 지나서였다.

이것은 가난한 농민과 노동자가 정권 수호의 의지로 충만한 전문 군사 조직에 맞서 정부를 무너뜨릴 수 없기 때문이다. 혁명이 일어나려면 상당수의 엘리트—특히 군부—가 이탈하거나 혁명의 편에 서야 한다. 실제로 대부분의 혁명에서 민중을 조직하여 정권 전복을 지원하는 것은 엘리트다.

빈곤만으로는 대중 봉기는 몰라도 혁명은 일어나지 않음을 인식한 일부 연구자는 **상대적** 박탈이야말로 혁명의 원동력이라고 주장했다. 불평등이나 계급 격차가 용납할 수 없을 만큼 커지거나, 더 나아지리라는 기대가 좌절될 때 사람들은 떨쳐 일어선다. 하지만 극단적 불평등은 혁명이 아니라 체념이나 절망으로 이어지기도 쉽다. 불평등이 지독하면 빈곤층은 유효한 혁명 세력을 만들어낼 자원을 확보하지 못한다. 인류 역사를 통틀어 크나큰 불평등과 극심한 빈곤은 종교와 전통에 의해 자연스럽고 불가피한 것으로 정당화되었으며 정상적 질서로 감내되거나 심지어 용인되었다.

빈곤이나 불평등이 혁명의 동기가 되는 것은 어떤 계기에서일까? 그것은 이러한 조건이 불가피하지 않으며 정권의 잘못에서 비롯했다는 믿음이다. 엘리트와 민중 집단이 부당한 조건을 정권 탓으로—그것이 정권의 무능력 때문이든, 부패 때문이든, 특정 집단을 우대하고 다른 집단을 홀대하기 때문이든—돌릴 때 민중은 봉기한다.

하지만 혁명의 원인으로 지목받는 또다른 요인은 근대화다. 개발도상국 여기저기에서 혁명이 터져나오던 1960년대와 1970년대에는 이 견해가 그럴듯했다. 많은 연구자들은 전(前)산업 사회가 근대화되기 시작하면서 사람들이 자유 시장에서 재화와 용역을 얻고, 불평등이 증가하고, 전통적인 종교적·관습적 권위 양식이 힘을 잃는다고 주장했다. 전통적 관계가 깨지면, 사람들은 자신들의 말에 귀기울이는 새로운 정치체제를 요구하고 이런 체제를 만들고자 실력 행사에 들어간다.

그러나 더 깊이 연구했더니 근대화는 모든 곳에서 똑같이 일어난 하나의 변화 꾸러미가 아니었다. 어떤 나라에서는 근대화의 변화가 정권에 타격을 가하고 혁명을 일으켰지만, 다른 나라에서는 근대화의 변화가 통치자에게 힘을 실어주고 더 강력한 권위주의 정권(오늘날의 사우디아라비아나 비스마르크 치하의 독일)을 만들어냈다. 캐나다 같은 또다른 나라에서는 근대화 덕에 민주주의로의 이행이 비교적 순조롭게 이루어졌다. 1868년 일본과 1911년 중국에서 보듯 몇몇 나라에서는 근대화의 시작과 때를 같이하여 혁명이 일어났다. 하지만 1989~1991년 동유럽에서처럼, 근대화가 널리 달성되고 오랜 시간이 지난 뒤에야 혁명이 일어나기도 했다. 근대화와 혁명 발발의 관계에 일관성이 없음은 분명하다.

마지막으로, 어떤 연구자들은 새로운 이념의 전파에서 혁명의 원인을 찾는다. 혁명적 동원에서 이념적 전환이 중요한 역할을 하는 것에서 보듯, 이 견해에도 일말의 진실이 있다. 하지만 이 견해로는 사람들이 위험한 새 정치사상에 이끌리는 이유를 설명할 수 없다. 통치자와 엘리트는 대체로 자신들의 지배를 정당화하는 신념을 강화하고 자신들의 권위에 의문을 제기하는 자들을 엄단한다. 그래서 혁명적 이념은 추종자를 얻지 못하고 사그라들기 일쑤다. 새로운 이념이 혁명적 행동을 이끌어내려면 이미 엘리트의 위치에 변화가 일어나 새로운 신념을 중심으로 사람들을 조직할 공간과 기회가 창출되어야 한다. 새로운 이념은 혁명 서사의 일부다. 그러나 이념의 등장만으로 혁명적 변화가 일어나는 것은 아니다.

혁명의 원인에 대한 이 모든 견해가 부적절한 이유는 사회를 콘크리트 벽 같은, 즉 충분한 힘을 가하면 바스러지는 수동적 구조로 간주하기 때문이다. 즉, 충분한 빈곤, 불평등, 근대화, 이념 변화가 주어지기만 하면 사회 질서가 무너지고 혁명이 일어나리라는 것이다. 하지만 사회는 수동적 구조가 아니다. 오히려 사회는 수많은 능동적 개인과 집단으로 이루어졌으며 이들의 행위는 사회 질서를 끊임없이 재창조하고 강화한다.

통치자는 세금의 대가로 방어와 서비스를 제공하고, 엘리트는 특권과 정치적·물질적 보상의 대가로 통치자를 지지하며, 민중 집단은 경제적 활동과 정치적 복종의 대가로 경제 활동에 종사하고 가족을 부양하고 교회에서 기도하고 보호를 받는다. 사회 전체는 여러 중첩적 관계를 통해 끊임없이 재구성된다. 사회가 스스로를 재생산하고 기근과 전쟁, 유행병, 지방 반란, 이단 등의 위기를 겪은 뒤에 회복하여 스스로를 재건할 수 있는 것은 이러한 관계들 덕이다. 엘리트가 단결하고 체제에 충성하는 한, 또한 대부분의 민중 집단이 현실에 꽤 만족하고 먹고사는 일에 열중하는 한, 정권은 상당한 긴장과 위기를 겪으면서도 수세기 동안 안정을 유지할 수 있다.

혁명은 복잡한 창발적 과정이다

무엇이 혁명의 원인인지 알려면 무엇이 사회를 안정시키고 회복시키는지도 알아야 한다. 안정된 사회에서는 민중 집단이 경제 활동에 종사함으로써 자신과 가족을 부양하고 엘리트와 정부를 지탱할 지대와 세금을 납부하기에 충분한 소득을 올린다. 엘리트—정부를 위해 일하는 집단과, 다른 조직을 이끄는 집단 둘 다—는 국가와 인민의 중요한 중개자 역할을 하여 정치적·경제적·종교적·교육적 활동을 조직하고 기존의 신념과 행동을 강화하고 새로운 엘리트 구성원을 모집하고 훈련한다. 통치자는 엘리트에게 보상, 인정, 지원을 제공하고 엘리트는 그 대가로 통치자의 권위를 뒷받침한다. 통치자의 또다른 목표는 인민을 강도, 침략, 기근 등의 위협으로부터 보호하여 이들이 지대와 세금을 낼 수 있도록 하는 것이다. 이런 조건에서는 사회가 안정적이며 위기를 겪어도 쉽게 회복한다. 충성스러운 군부 엘리트, 관료 엘리트, 종교 엘리트가 반대를 진압하기에, 또한 대다수 집단이 현상 유지를 원하고 현상태를 바꾸는 큰 위험을 감수하지 않기에, 이런 사회는 반란과 혁명적 이념의 전파에 저항력이 있다.

이런 사회는 '안정 평형(stable equilibrium)'을 이룬다고 말할 수 있다. 이 개념은 자연과학에서 빌려왔다. 오목한 바닥에 공이 놓여 있다고 상상해보자. 작은 힘을 가해 공을 아무 방향으로나 움직이면 공은 오목한 곳으로 다시 내려와 예전 상태로 돌아간다. 이처럼 안정 평형은 적당한 교란이 일어났을 때 원래 조건으로 복귀하는 평형이다. 이와 마찬가지로, 안정 평형을 이룬 사회에서 농민 반란이나 파업, 전쟁, 경제 위기가 일어나면 통치자와 엘리트, 심지어 대다수 민중 집단은 기존 사회 질서를 회복시키려 한다.

하지만 공이 오목한 곳에 놓여 있지 않고 볼록한 꼭대기에 얹혀 있다고 해보자. 아무런 힘을 가하지 않으면 공은 제자리에 있지만, 살짝만 밀어도 아래로 내려가 새로운 방향으로 굴러간다. 이것은 작은 교란만 일어나도 원래 조건에서 점점 멀어지는 불안정 평형이다. 혁명을 겪는 사회가 바로 이런 상태다.

혁명의 기운이 무르익고 있는 사회를 들여다보면 사회관계가 달라졌음을 확인할 수 있다. 이런 사회에서는 통치자가 나약하거나 변덕스럽거나 포악해져 많은 엘리트가 보상이나 지원을 받지 못한다고 생각하며 정권을 지지할 의욕을 느끼지 못한다. 엘리트는 단결하지 않으며 서로 의심하고 불신하는 파벌로 갈라진다. 민중 집단은 노력해도 예상된 보상이나 결과를 얻지 못한다는 것을 알게 된다. 토지나 일자리가 부족해지고, 지대가 너무 오르거나 실질 임금이 내려가고, 강도와 절도가 늘어 국민이 불안과 불만을 느낄 수도 있다. 많은 엘리트와 민중 집단은 통치자와 그 밖의 엘리트가 불의하다고 생각한다. 이들은 자신들의 불만을 설명하고 사회 변화를 통해 해결책을 내놓는 이단적 신념이나 이념에 끌린다. 통치자는 엘리트나 인민의 지지를 얻고 자원을 더 차지하기 위해 개혁을 시도할지도 모른다. 하지만 이러한 시도는 대체로 너무 미흡하거나 너무 늦으며 불확실성을 늘려 새로운 반대를 자초할 뿐이다.

이런 조건에서는 전쟁이나 경제 위기, 지방 반란, 이례적 저항이나 탄압 같은 어느 정도의—심지어 작은—교란으로도 민중 봉기가 확산되고 엘리트 집단 사이에 대립이 격화될 수 있다. 상당수의 엘리트와 다양한 민중 집단이 통치자에게 맞서 연합하고 큰 변화를 요구하면, 혁명이 시작된 것이다. 군부가 이탈을 겪고 저항의 확산을 극복할 의지나 능력이 없다면 혁명이 성공할 것이다. 이것이 혁명이 일어나는 과정이다. 즉, 시간이 지나면서 사회는 안정 평형의 조건에서 불안정 평형으로 바뀐다. 그러면 작은 소요만 일어나도 움직임이 가속화되어 소요가 점점 커지고 기존 체제가 무너진다.

빈곤이나 불평등 같은 변화에 대한 불만이 쌓인다고 해서 혁명이 일어나는 것은 아니다. 혁명은 사회 질서가 여러 분야에서 닳아빠질 때 나타나는 복잡한 과정이다.

불안정 평형과 혁명의 역설

안타깝게도 어떤 나라가 불안정 평형 상태인지 판단하기

가 늘 쉬운 것은 아니다. 근본적 변화를 겪으면서도 겉으로는 오랫동안 안정적으로 보일 수 있기 때문이다. 파업이나 시위, 폭동은 규모가 작고 군부나 경찰이 이를 진압할 의지와 능력이 있는 한 사소한 사건으로 치부될 수 있다. 다른 집단이 저항 세력에 얼마나 동조하는가, 군부와 경찰 내에 불만이 얼마나 쌓였는가는 때를 놓치고서야 드러날 수도 있다. 엘리트는 정권에 맞설 기회를 손에 넣기 전에는 충돌과 대립이 커지더라도 이를 숨길 것이다. 통치자는 자신이 성공하리라 믿어 개혁을 시행할 수도 있고, 모든 반대를 진압할 수 있으리라 믿어 탄압을 벌일 수도 있다. 개혁이 지지를 얻는 데 실패했거나 탄압이 더 큰 적개심과 반대를 촉발했다는 사실이 사전에는 드러나지 않을 수도 있다.

이처럼 혁명은 지진과 같다. 지질학자는 주요 단층대를 식별할 수 있으며 우리는 이런 단층대에서 지진이 일어날 가능성이 가장 크다는 사실을 안다. 하지만 잇따른 미진(微震)은 장력이 풀린 탓일 수도 있고 압력이 점차 커져 머지않아 큰 지진이 일어날 징조일 수도 있지만, 일반적으로는 미리 알 방법이 없다. 지진은 잘 알려진 단층에서 일어날 수도 있고, 새로운 단층대나 숨겨져 있던 단층대에서 일어날 수도 있다. 지진의 일반적 메커니즘을 안다고 해서 지진을 예측할 수 있는 것은 아니다. 이와 마찬가지로 우리는 큰 단층이 있거나 장력이 커지는 것처럼 보이는 사회를 식별할 수 있다. 이것은 사회적 갈등의 징후가 관찰되거나, 제도나 집단이 평상시의 과업을 수행하거나 목표를 달성하는 데 더 큰 어려움을 겪는 것으로 분명히 알 수 있다. 하지만 그렇다고 해서 특정 상태가 언제 혁명의 충격을 겪을지 정확히 예측할 수 있는 것은 아니다.

혁명을 연구하는 학자들은 혁명이 일어날 수 있는 불안정한 사회적 평형을 만들어내는 데 필요하고도 충분한 요소가 다섯 가지 있다는 데 대체로 동의한다. 첫째 요소는 경제적 또는 재정적 압박이다. 이런 조건에서는 통치자와 엘리트에게 흘러드는 지대와 세금의 흐름이 원활하지 못하며 일반 국민의 소득이 타격을 입는다. 이런 압박이 생기면 통치자는 으레 세금을 올리거나 과다 차입을 하는데 이러한 조치는 부당하게 보이는 경우가 많으며, 지지자에게 보상을 주고 관료와 군대에 급료를 주기도 힘들어진다.

둘째 요소는 엘리트 사이에 소외와 대립이 커지는 것이다. 엘리트는 늘 지위를 놓고 다툰다. 가문, 정당, 파벌 간의 경쟁은 일상사다. 하지만 대체로 통치자는 집단끼리 싸움을 붙이고 충성에 대한 보상을 제공함으로써 이 경쟁을 활용하고 엘리트에게서 지지를 얻어낼 수 있다. 안정된 엘리트는 유능한 신진 세력을 모집하고 흡수할 수도 있다. 소외가 일어나는 경우는 엘리트 집단이 자기네가 조직적으로 또한 부당하게 특혜에서 배제된다고 느낄 때다. 노장 엘리트가 자신이 신진 엘리트에게 부당하게 밀려난다고 느낄 수 있는가 하면, 신진 엘리트가 앞길이 부당하게 가로막혔다고 느낄 수 있다. 엘리트는 제한된 집단—소규모 패거리나, 통치자의 민족적·지역적 집단 구성원—이 정치권력이나 경제적 보상에서 큰 몫을 부당하게 차지한다고 느낄 수도 있다. 이런 조건에서 엘리트는 충성을 바쳐도 대가가 돌아오지 않을 것이며 기존 정권이 늘 자신에게 불리할 것이라고 생각할 수 있다. 이들은 개혁을 추구할 수도 있고, 개혁 시도가 봉쇄되거나 소용없다고 판단되면 대중의 불만을 조직하거나 심지어 교묘히 활용하여 정권에 변화의 압력을 가하려 들 수 있다. 소외가 커지면 단순히 기존 사회 질서 안에서 지위를 높이는 것이 아니라 기존 사회 질서를 뒤집고 갈아치우기로 마음먹을 수도 있다.

셋째 요소는 혁명적 동원으로, 그 바탕은 불의에 대한 대중적 분노의 점진적 확산이다. 이 대중적 분노가 극단적 빈곤이나 불평등의 결과일 필요는 없다. 문제는 불가피하거나 자신의 잘못이 아닌 이유로 사람들이 사회에서 자신의 올바른 자리를 잃고 있다고 느끼는 것이다. 농민은 토지를 빼앗기거나 과도한 지대와 세금, 그 밖의 부담에 짓눌릴 수 있고, 노동자는 일자리를 찾지 못하거나 생필품 가격은 오르는데 임금은 그대로인 상황에 직면할 수 있고, 학생은 기대하고 바라는 일자리를 찾지 못할 수 있고, 어머니는 자신이 자녀를 부양하지 못한다고 느낄 수 있다. 이 집단들이 엘리트나 통치자의 부당한 행위 때문에 이러한 어려움을 겪는다고 느낀다면, 이들은 자신의 곤경에 주의를 환기하고 변화를 요구하는 반란에 동참하는 위험을 감수할 것이다.

민중 집단은 농민회와 주민회, 노동조합, 이웃, 학생 단체나 청년 단체, 조합이나 전문가 집단 같은 자체적 현지 조직을 통해 행동할 수 있다. 또한 정부에 대항하기 위해 민중을 모집하고 조직하는 군사 엘리트나 민간 엘리트가 이들을 동원할 수도 있다.

민중 집단은 도심 행진, 시위, 공공장소 점거 등의 방식을 이용할 수 있다. 19세기에 '바리케이드로!'라는 구호는 공권력이 '해방구'에 침입하지 못하도록 방벽을 세우라는 뜻이었다. 오늘날의 점거는 카이로의 타흐리르 광장 같은 중심 공간을 군중으로 메우는 것에 더 가깝다. 한편 노동자는 불매 운동과 총파업을 촉구할 수 있다. 정부의 세력이 너무 강해서 수도(首都)에서 상대할 수 없을 것 같으면 혁명가들은 산악 오지나 산간 지대에서 게릴라 부대를 조직하여 점차 힘을 키울 수도 있다.

반란이 지역에 머물러 고립되면 대체로 쉽게 진압된다. 하지만 여러 지역으로 확산되고 농민, 노동자, 학생이 동참하고 이 집단들이 엘리트와 연결되면, 정부 세력이 한꺼번에 상대할 수 없을 만큼 저항의 범위가 커질 수 있다. 그러면 혁명 세력은 일정 지역에서 세를 불려, 어떤 곳에서는 정부 세력을 피하고 어떤 곳에서는 타격할 수 있다. 어느 시점에 군 장교나 병사가 정부의 권력 유지를 위한 자국민 살해를 거부할 수도 있다. 그 지경이 되면 군대가 이탈하거나 와해하여 혁명 세력이 승리할 수 있다.

넷째, 민중과 엘리트의 온갖 불만과 요구를 접목하고 다양한 집단을 연결하고 동원하려면, 공유되고 설득력 있는 저항의 서사를 보여주는 이념이 필요하다. 이 이념은 새로운 종교 운동의 형태를 띨 수도 있다. 영국 청교도주의에서 이슬람 지하드 운동에 이르는 근본주의 종교 집단은 종종 부도덕한 통치자에게 저항하는 봉기를 정당화했다. 권리와 무고한 피해자를 부각하며 불의에 저항하는 세속적 서사의 형태를 띨 수도 있다. 민족 해방의 서사일 수도 있다. 형태가 어떻든 효과적인 저항 서사는 현체제의 지독한 불의를 강조하고 공유된 정체성과 정의감을 반대 진영에 불러일으킨다.

엘리트는 자본주의의 사악함이나 자연권 같은 추상적 개념을 강조하기도 하지만, 가장 효과적인 저항 서사는 과거에 정의를 위해 싸운 영웅들의 지역적 전통과 이야기에서 끌어낼 수 있다. 미국과 프랑스의 혁명가들은 고대 그리스와 로마의 혁명 이야기를 상기시켰다. 쿠바 혁명과 니카라과 혁명에서는 쿠바와 니카라과의 초기 독립투사 호세 마르티(José Martí)와 아우구스토 세사르 산디노(Augusto César Sandino)의 기억을 불러일으켰다. 흥미롭게도, (연구에 따르면) 혁명 이념이 미래의 계획을 정확히 제시하지 않아도 추종자를 단합하고 동기를 부여할 수 있었다. 오히려 미래에 더 나은 시대가 찾아오리라는 모호하고 유토피아적인 약속에다 현정권의 견딜 수 없는 불의와 벗어날 수 없는 악행을 고발하는 자세하고 실감나는 묘사를 결합하는 것이 최선이다.

마지막으로, 혁명이 성공하려면 국제 관계가 우호적이어야 한다. 결정적 시기에 외국이 정권 반대파를 지원하거나 통치자에 대한 지원을 중단하면서 혁명이 성공을 거둔 경우가 많았다. 반대로, 외국이 반혁명을 지원하려고 개입한 탓에 실패하거나 뒤집힌 혁명도 많다.

경제적 또는 재정적 압박, 엘리트의 소외와 대립, 불의에 대한 대중적 분노의 확산, 설득력 있는 저항 서사의 공유, 우호적 국제 관계라는 다섯 가지 조건이 맞아떨어지면, 위기 상황에서 질서를 회복하는 정상적 사회 메커니즘이 작동하지 못할 가능성이 크다. 이런 조건이 팽배한 사회는 불안정 평형을 이루기에, 뜻밖의 사건이 대중 봉기의 확산을 촉발하고 엘리트의 저항을 유도하여 혁명을 일으킬 수 있다.

하지만 다섯 가지 조건이 한꺼번에 맞아떨어지는 경우는 드물다. 게다가 (겉보기에) 안정의 시기에는 이 조건들을 정확히 판단하기 힘들다. 국가가 재정 상황을 얼버무리다 난데없이 파산을 맞을 수도 있고, 엘리트는 행동의 기회를 포착할 때까지 으레 역심을 숨기며, 민중 집단은 속으로만 부글부글 끓으면서 자신들의 분노가 어디까지 치달을지 좀처럼 알려주지 않을 수도 있다. 저항의 서사가 지하나 골방에서 몰래 유포될 수도 있으며, 외국이 혁명을 지지하려고 개입할 것인지 반대하려고 개입할 것인지는 혁명 투쟁이 시작되기 전까지 알 수 없을 때가 많다.

외부적 안정이 안정 평형을 나타내는지 불안정 평형을 나타내는지 판단하기 어렵다는 것에서 혁명의 역설이 발생한다. 혁명이 일어난 뒤에 돌이켜보면 경제적 또는 재정적 압박으로 정부와 엘리트의 재무 상황이 얼마나 심각해졌는지, 엘리트가 정권 때문에 얼마나 소외되고 분열되었는지, 불의에 대한 분노가 얼마나 널리 퍼져 있었는지, 혁명적 서사가 얼마나 설득력 있었는지, 국제적 여건이 우호적이었는지 적대적이었는지 분명히 알 수 있다. 실제로, 혁명의 발발이 필연적으로 보일 만큼 세세하게 혁명의 기원을 설명하는 것이 가능해진다. 하지만 이와 동시에, 혁명을 앞두고는 통치자, 혁명가 자신, 외국 열강을 비롯한 누구도 이를 예상치 못하는 경우가 대부분이다. 레닌은 차르 정권이 무너지기 불과 몇 달 전인 1917년 1월에 이런 말을 남겼다. "우리 구세대는 다가올 혁명의 결정적 전투를 목격하지 못하고 죽을지도 모릅니다."

이것은 누구도 다섯 가지 요소 전부를 미리 알 수 있는 위치에 있지 않기 때문이다. 통치자는 자신이 얼마나 불의한 인물로 평가받는지, 자신이 엘리트를 얼마나 소외했는지를 거의 예외 없이 과소평가하며, 상황이 잘못된 것을 깨닫고 개혁을 추진하다 사태를 악화하기 일쑤다. 혁명가들은 구체제가 재정적으로 얼마나 취약한지, 정권 반대에 대한 대중적 지지가 얼마나 큰지 과소평가하는 경우가 많다. 그래서 엘리트와 군부가 이탈하고 구체제가 와르르 무너지는데도 지금의 투쟁이 몇 년간 계속될 것이라고 믿기도 한다. 돌이켜보면 혁명이 필연적이었음에도, 혁명이 실제로 일어나던 순간에는 혁명이 일어나지 않을 것처럼, 심지어 상상조차 할 수 없을 것처럼 보이는 것은 이 때문이다.

혁명의 구조적 원인과 일시적 원인

이 다섯 가지 조건은 한데 어우러져 불안정 평형을 만들어낸다. 하지만 이것은 혁명의 원인이 아니다. 사회 질서가 그토록 많은 수준에서 한꺼번에 무너진 이유를 설명하지 못하기 때문이다. 여전히 우리는 어떤 종류의 사건이 재정적 쇠퇴, 엘리트의 소외, 불의에 대한 대중적 분노, 저항 서사의 확산, 혁명적 변화에 대한 국제적 지원을 묶어내는지 물어야 한다.

학자들은 일반적으로 구조적 원인과 일시적 원인을 구분한다. 구조적 원인은 기존의 사회제도와 사회관계를 좀먹는 장기적인 대규모 추세를 일컫는다. 일시적 원인은 장기적 추세의 결과를 드러내고 종종 혁명적 반대파가 후속 조치를 취하도록 자극하는, 우연한 사건이나 특정 개인 또는 집단의 행동을 일컫는다.

혁명의 구조적 원인 중에서 매우 흔한 것으로 인구학적 변화가 있다. 역사상 대부분의 시기에는 인구가 매우 느리게, 또는 경제적·기술적 발전보다 느리게 변화했다. 이런 조건에서는 직접 세습이 통치자를 교체하고 엘리트를 재편하고 심지어 일반인에게 일이나 직업을 할당하는 매우 확실한 수단이다. 하지만 몇 세대에 걸쳐 인구가 급속히 증가하면 인구 변화의 효과가 쌓여 사회 질서를 유지하는 제도들이 삐걱거릴 수 있다. 토지와 일자리가 줄고, 지대는 오르는데 실질 임금은 내려 대중적 분노가 일어날 수 있다. 물가가 오르는데 세금이 제때 걷히지 않으면 통치자가 지지자들에게 보상하고 군인들에게 급료를 지불하기가 더 힘들어진다. 엘리트의 자녀 중에 생존자가 많아지면 세습으로는 이들 모두를 감당할 수 없어 엘리트의 지위를 놓고 경쟁이 과열된다. 마지막으로, 인구 성장이 지속되면 청년층이 점차 늘어나는데—'청년 팽창(youth bulge)'이라고도 한다—이들은 알맞은 일자리를 찾는 데 어려움을 겪으며 새로운 이념에 끌리거나 사회적 저항에 동원되기 쉽다.

흔한 구조적 원인 두번째는 국제 관계 패턴의 변화다. 전쟁과 국제적 경제 경쟁은 국가의 권위를 약화하고 사회 내 새로운 집단의 힘을 강화할 수 있다. 30년 전쟁 뒤, 나폴레옹 전쟁 이후 수십 년간, 양차 세계대전의 여명기, 냉전 말기의 유럽에서 보듯 국가 간이나 대륙 간 전쟁 뒤에 혁명이 잇따라 일어나는 경우가 많았다.

인구 패턴이 달라지고 국제 관계가 변화하면 그 지역의 여러 나라가 동시에 영향을 받아 한꺼번에 불안정 평형 상태에 진입하는 경우가 많다. 그중 한 나라에서 어떤 사건이 혁명의 기폭제가 되면 그 나라의 혁명 자체가 다른 나라에서 혁명을 일으키는 기폭제가 될 수 있다. 혁명이 (겉보기에) 안정된 나라에서 그다음 나라로 급속히 전파되며 곧잘 연쇄적으로 일어나는 것은 이 때문이다.

세번째 구조적 원인은 불균등하거나 종속적인 경제 발전이다. 경제 발전은 처음에는 불평등을 증가시키는 것이 일반적이다. 신기술이나 경제적 조직으로부터 특정 지역이나 집단이 가장 많은 혜택을 누리기 때문이다. 하지만 모든 집단이 어느 정도는 혜택을 입기 마련이며, 신기술과 경제적 패턴이 전파되면서 느림보도 대개는 선발 주자를 따라잡는다. 경제 성장이 너무 불균등해서 소수 엘리트가 급속히 부유해지는 사이에 빈곤층과 (심지어) 중산층이 뒤처지거나, 경제 성장이 외국 투자에 너무 종속적이어서 성장의 과실이 주로 외국 투자자와 그 협력자에게 돌아가면, 경제 변화가 부당하다는 인식이 널리 퍼질 것이다. 그러면 대중이 불만을 품고 엘리트는 소외되고 분열된다.

이와 관련한 네번째 구조적 원인은 특정 집단에 대한 새로운 형태의 배제나 차별이다. 불평등은 인간 사회의 보편적 성격이다. 하지만 야심 있는 사람은 군사적 성취나 교육적 성취, 경제적 성취를 통해 지위를 향상시키고 싶어하며, 대다수 사회는 재능 있는 신참을 엘리트 집단에 흡수하기 위해 어느 정도의 계층 이동을 허용한다. 전체 집단이 법적 차별을 받을 경우—이를테면 세습 귀족이 있는 사회에서 평민이 받는 차별이나, 민족적 또는 종교적 소수파가 정치적·경제적 역할에서 배제되는 것—이 차별이 정상적 질서의 일부로 용인되려면 확고하게 자리잡고 있을뿐더러 일관성이 있어야 한다.

이에 반해 새롭거나 다르게 행사되는 차별이나 배제는 체제의 정당성을 훼손하고 전체 집단이 기존 사회 질서를 적대

시하도록 할 수 있다. 기존의 사회적 신분 상승 통로가 갑자기 막히거나, 새로운 집단이 권력을 차지하고서 예전 엘리트를 배제하거나, 어떤 집단의 수와 부가 부쩍 증가하는 데 반해 이들의 정치적 기회는 전혀 증가하지 않으면, 기존의 평형이 불안정해진다. 사회적 집단 전체가 불만을 품고 (자신을 부당하게 억압하는) 사회 시스템을 바꾸려 들기 때문이다.

다섯번째 구조적 원인은 인적(personalist) 정권의 진화다. 많은 나라에서, 선거를 통해 집권했거나 군사 정권이나 일당제 국가의 수반인 지도자는 시간이 지나면서 점차 입지가 탄탄해진다. 엘리트와 정치제도를 주물러 오랫동안 권력을 유지하면, 통치자는 스스로를 나라에 없어서는 안 될 지도자로 여기게 된다. 이런 지도자는 일반적으로 정규적 전문 군대와 재계 엘리트를 약화하거나 소외하고 가문과 패거리의 소규모 집단에 점차 의존하는데, 이 집단은 개인적 호의를 통해 높은 지위와 큰 부를 차지한다. 선출된 군사(또는 당 기반) 정권이 이제는 인적 독재로 바뀐다.

이런 정권에서는 통치자가 권좌에 오래 머물수록 정권이 부패한다. 가족 구성원과 패거리가 지위를 더 많이 악용하기 때문이다. 통치자는 인(人)의 장막에 둘러싸이며, 자신의 경제 정책 때문에 대다수 국민이 고통받더라도 개의치 않는다. 배제되고 소외되었다고 느끼는 엘리트와 민중 집단이 많아짐에 따라, 이들은 정권이 불법적이고 불공정하다고 여기게 된다. 경제 위기가 일어나 통치자가 힘을 잃거나 봉기가 촉발되면 이런 통치자는 자신이 엘리트로부터 소외되고 버림받았음을 금세 알아차릴지도 모른다.

인적 독재와 전통적 군주제는 둘 다 구조적 원인들의 조합에 희생되는 경우가 많은데, 이 조합을 '독재자의 딜레마'라 한다. 상대적인 빈곤국이나 후진국의 통치자는 선진국의 군사적 · 경제적 압박을 버틸 수 있도록 군사적 · 경제적 능력을 향상하는 데 투자를 퍼부어야 할 때가 많다. 그러려면 더 많이 교육받고 전문성을 갖춘 군사 · 민간 서비스를 창출하고, 민간 기업을 장려하고, 학교와 대학 입학률을 늘리고, 도시와 통신을 확장해야 한다. 외국 투자도 많이 유치해야 할 것이다.

하지만 이 과정을 신중하게 관리하지 않으면 사회관계가 손상될 수 있다. 더 나은 교육을 받은 전문가, 학생, 민간 기업인은 부패한 독재자의 권력과 정실주의, 엘리트 기득권층의 특권, 외국으로 흘러나가는 이익 등에 분개할 것이다. 노장 엘리트가 신진 엘리트의 발전을 가로막을 수도 있다. 민간 기업이 성장하면 농민이 토지에서 쫓겨나고 전통 수공업 장인이 경쟁에 내몰릴 수 있다. 도시 인구가 증가할수록 통제가 힘들어지며, 도시는 대안 이념이 전파되는 근거지가 된다. 이렇듯 근대화를 추진하는 독재자와 군주는 자신의 통치에 대한 격렬한 반대의 토대를 놓는다. 이들이 전쟁이나 경제적 위기를 맞아 휘청거리거나 노골적 부패와 배타적 통치의 패턴에 빠지면 혁명의 때가 무르익는다.

이러한 구조적 원인이 몇 년 또는 몇십 년에 걸쳐 조금씩 불안정 평형을 만들어내는 데 반해 일시적 원인은 사회를 안정 바깥으로 밀어내는 갑작스러운 사건이다. 여기에는 물가(특히 식량 가격) 급등, 패전, 국가 권위에 도전하는 폭동이나 시위 등이 있다. 또한 저항에 대한 국가의 대응이 더 폭넓은 저항을 촉발할 수도 있다. 저항 세력이 대다수 사람들에게 극단주의자로 간주되고 정부 대응의 고립된 표적이라면, 탄압이 대체로 효과를 발휘한다. 하지만 저항 세력이 사회의 평범한 구성원으로 간주되면, 마구잡이식 탄압은 엘리트와 인민을 격분시켜 정권이 위험하고 위법하고 불공정하다는 인식을 심는다.

이러한 일시적 사건은 혁명의 실질적 원인이다. 불안정한 상태에서 일시적 사건이 일어나면 사람들이 더 공개적으로, 또한 더 대규모로 국가에 등을 돌리거나, 국가의 방어 능력이 약화되고 엘리트의 이탈이 가속화되기 때문이다. 하지만 해마다 여남은 나라에서 똑같은 사건이 벌어지는데도 혁명이 일어나지 않는 이유는 위기를 맞았을 때 사회 질서를 복원할 수 있는 능력이 이 나라들에 있기 때문이다. 따라서 학자들은 근원적 불안정을 만들어내는 구조적 원인을 혁명의 근본적 원인으로 간주한다.

정권이 약해지고 핵심 엘리트가 이탈하고 군대나 대중 봉기를 이끄는 혁명가가 권력을 잡으면, 혁명이 시작된 것이다. 하지만 사건들이 어떻게 끝날지는 아직 결정되지 않았다. 혁명은 단순한 사건의 연쇄가 아니라 오랜 과정이기 때문이다. 안정을 이루기 전에 반혁명, 내전, 테러, 새로운 혁명적 사건으로 방향을 틀 수도 있다. 그 결과는 민주주의에서 또다른 독재에 이르기까지 다양할 것이다.

제 3 장

혁명의 과정,
지도자, 결과

많은 혁명 연구자들은 혁명의 기원에 초점을 맞춘다. '무엇이 대중 봉기를 일으켰는가, 구체제는 왜 무너졌는가'가 이들의 관심사다. 하지만 구체제의 몰락은 혁명 드라마의 서막에 불과하다. 혁명이 전개됨에 따라 혁명 지도자들은 성공을 거둘 수도 있고 새로운 지도자에게 밀려 퇴출당할 수도 있다. 여러 집단이 권력 투쟁을 벌이고 새 제도를 구축하려 들면서 격변과 내전이 몇 번이고 일어나기도 한다. 혁명의 결과는 결코 처음부터 정해지지 않는다. 혁명 자체의 과정에서 다듬어진다.

혁명 과정

혁명은 정부에 불의를 바로잡기 위한 변화를 요구하는 집단이 국민과 영토의 일정 부분을 장악하고 정부가 이에 대한 통제권을 잃을 때 시작된다. 반대파가 장악한 지역은 수도의 공원이나 지방 도시처럼 좁을 수도 있고, 변방의 산악 보루처럼 멀 수도 있다.

이렇게 시작된 혁명은 대부분 신속하게 진압되거나, 헛되고 무의미한 시도로 허송세월한다. 하지만 나라가 경제적·재정적 문제와 국민의 동요, 관료와 엘리트의 충성심 약화 등에 직면하여 이미 불안정 평형에 들어섰다면 이런 사소한 시작으로도 금세 점점 많은 영토와 인구가 반대편으로 돌아서게 된다. 국가가 사회에 대한 통제권을 잃어 붕괴하는 것, 이것이 혁명의 1단계다. 어떤 혁명도 똑같은 방식으로 전개되지 않지만, 학자들은 국가 붕괴의 두 가지 주요 패턴을 찾아냈다. 그것은 중앙의 몰락(central collapse)과 주변의 약진(peripheral advance)이다.

중앙이 몰락하는 경우, 정권은 이미 눈에 보이는 것 이상으로 부쩍 약화된 상태다. 정부가 파산을 앞두고 있을 수도 있고, 한동안 재계와 행정부와 군부의 엘리트에게서 정당성을 잃어왔을 수도 있고, 민중 집단이 최근 몇 년간 국지적 저항이나 파업이나 농민 반란을 일으켰을 수도 있다. 이런 혁명은 농민 반란이나 농촌 봉기로 시작할 수도 있고, 도심 시위로 시작할 수도 있고, 엘리트가 국가 권위에 도전하는 것에서 시작할 수도 있다. 단기적 경제 침체나 물가 급등, 패전, 선거 조작, 분노를 일으키는 정부의 새로운 조치 등이 혁명을 촉발할 수 있다. 첫 기폭제가 무엇이었든, 수도에서의 대규모 시위가 신속하게 뒤따른다.

정부는 시위대를 해산하려 하지만 그것이 여간 힘들지 않음을 깨닫는다. 정부의 최초 시도는 오히려 시위를 확산시킨다. 경찰력은 도심의 소요를 잠재우지 못하며, 정부는 군부가 개입해야 할 상황에 직면한다. 하지만 군부는 시가를 청소하는 결정적 조치를 거부한다. 핵심 부대가 팔짱을 끼고 다른 부대는 심지어 이탈하거나 반대파로 넘어가기도 한다. 군부의 방관은 통치자, 엘리트, 국민에게 정권이 무방비 상태라는 신호를 보낸다. 군중이 밀려들어 수도를 점령하고, 비슷한 군중 시위가 다른 도시와 교외로 확산된다. 이 모든 과정이 몇 주, 아니면 길어야 몇 달에 걸쳐 진행된다. 통치자는 달아나거나 체포되고, 군중이나 군부의 지지를 받는 엘리트가 정부 청사를 접수하고 임시 정부를 구성한다. 이런 예로는 프랑스 혁명과 러시아 혁명, 1848년 유럽 혁명, 이란의 이슬람 혁명, 동독과 루마니아의 반(反)공산주의 혁명, 필리핀과 우크라이나의 '색깔 혁명', 튀니지와 이집트의 2011년 아랍 혁명 등이 있다.

주변이 약진하는 경우는 구체제의 붕괴가 덜 진척된다. 하지만 정부 전복을 꾀하는 일군의 엘리트가 일부 지역에서—대체로 수도에서 멀리 떨어진 산악 지대나 숲 지대—교두보를 구축할 수 있다. 이러한 농촌 근거지는 몇 해 동안 작고 하찮은 상태일 수도 있다. 경제적으로 약해지고, 군부가 돌아서고, 더 많은 민중 집단에게서 정당성을 잃고, 더 많은 엘리트에게서 충성심을 잃는 등 정권이 더 불안정해지면, 저항을 지지하는 사람이 늘고 기존 정부를 지지하는 사람이 줄면서 반대파의 핵이 점차 커진다. 반란 세력은 게릴라전을 채택하여 농촌에 스며들어 주기적으로 정부 세력을 공격할 수도 있고, 정부의 허약함을 드러내기 위해 대대적 습격을 감행할 수도 있다. 노동자들이 반란 지지 파업을 벌이기도 한다.

마침내 반대파는 수도 점령을 위해 내전을 벌일 수 있는 정규군으로 성장한다. 아니면 반란 세력이 비폭력 전술을 채택하여 대중 시위, 파업, 불매 운동을 확대함으로써 정부가 권력을 내려놓도록 압박할 수도 있다. 어느 쪽이든, 겉으로 드러난 힘이 중요한 역할을 할 수도 있다. 다른 나라나 집단이 반대파의 무장과 조직화를 돕거나, 외부 동맹 세력이 통치자에 대한 지지를 철회하면, 힘의 균형이 반대파에 유리하게 결정적으로 바뀌기 시작할 수 있다. 정권에 불리한 쪽으로 저울이 기울면 정부 세력은 이탈을 겪고 사기와 군사력이 더 낮아진다. 이 과정에는 대체로 몇 년이 걸리며, 10년 이상 걸리기도 한다. 하지만 결국 옛 정권 세력이 와해하거나 퇴각하면 혁명 세력이 수도를 접수하고 새 정권을 수립한다. 이러한 예로는 미국 독립 혁명, 중국 공산혁명, 쿠바 혁명, 인도 독립 운동, 니카라과 혁명, 리비아의 2011년 아랍 혁명 등이 있다.

그런데 최근 몇 년 사이에 타협 혁명(negotiated revolution)이라는 제3의 새로운 패턴이 등장했다. 타협 혁명은 처음에는 중앙의 붕괴로 인한 혁명이나 주변의 약진으로 인한 혁명처럼 수도의 대중 시위나 반대파의 지역 기반 확보에서 출발할 수도 있다. 하지만 통치자가 도피하여 임시 혁명 정부에 권력을 넘겨주거나 내전으로 축출당하는 것이 아니라, 반대파를 이길 수 없음을 깨달은 정부 당국이 새로운 연합 정권에 반대파를 참여시키는 협상을 모색한다. 새로 선거를 치러 여당과 야당이 의석을 놓고 경쟁할 수도 있고, 반대파와 옛 정권 지도부가 공동 위원회를 구성할 수도 있다. 하지만 혁명적 정당에 대한 대중적 지지가 압도적이면 이들이 새로운 제도를 지배하고 정부를 장악하고 정치적 · 경제적 질서를 재편할 법률을 시행할 수 있다. 이러한 예로는 남아프리카 공화국의 반(反)아파르트헤이트 혁명(흑인 거주 지역에 기반을 두고 일어났다), 폴란드의 연대 혁명(조선소와 가톨릭 성당을 기반으로 삼았다), 체코슬로바키아의 '벨벳' 혁명 등이 있다.

혁명 정부가 놀라운 속도로 수도에서 권력을 차지하든, 기반을 확장하고 정권을 대체하는 오랜 투쟁을 통해 점차 권력을 차지하든, 권력을 쟁취하는 것은 혁명 과정의 1단계에 지나지 않는다. 처음에는 구체제의 몰락이 열렬한 환영을 받는다. 뒤따르는 몇 주 동안의 '혁명 밀월' 시기에 사람들은 자유의 낯선 느낌을 즐기고, 동료 시민과 연대와 우정을 확인하고, 미래에 대한 크나큰 낙관주의를 표현한다. 새 정권의 첫 선거는 대체로 거대한 흥분 속에서 치러지며 새 정당과 정치 단체가 쏟아져나온다.

하지만 이내 혁명 정부는 여러 중대한 결정을 내려야 한다. 지도자는 어떻게 뽑을 것이며 권력 행사를 어떤 법률로 통제할 것인가? 권력은 중앙에 집중시킬 것인가, 지방 정부에 분산할 것인가? 누가 군부를 통제할 것인가? 이러한 사안을 일련의 명령이나 법률로 결정할 수도 있지만, 대개는 새 헌법을 초안하고 채택하는 과정을 거친다.

해결해야 할 문제는 또 있다. 새 정권은 외국과 어떤 관계를 맺어야 하는가? 옛 정권의 적과 새로 동맹 관계를 맺어야 하는가, 계속 싸워야 하는가? 소유를 재분배할 것인가? 국가 종교를 바꿀 것인가? 새 정부는 운영 자금을 어떻게 조달할 것인가? 옛 조세 체계를 유지할 것인가, 새로 제정할 것인가? 아니면 재산을 징발하거나 국가 자산을 매각할 것인가? 옛 정권의 남은 지도자와 지지자는 어떻게 할 것인가? 경제, 교육, 언론, 공공 서비스, 소수파의 역할 등은 어떤 새로운 규칙으로 지도할 것인가? 옛 정권이 재정적·군사적·경제적 위기에 직면해 있었다면, 새 정권은 이를 해결하기 위해 어떤 조치를 취할 것인가?

이 문제들은 아주 폭넓고 중요하기 때문에, 혁명을 완수한 다양한 집단들의 의견이 일치하는 경우는 드물다. 옛 정권의 지지자들이 대부분 달아났고 외부의 위협이 없다면, 혁명 지도자들은 의견 차이를 평화롭게 해소하고, 폭넓은 지지를 얻을 수 있는 헌법을 협상하고, 여러 집단이 권력을 공유하거나 교대하는 체제를 발전시킬 수 있다. 하지만 이런 경우는 드물다. 이 긴박한 사안들에 대한 의견 차이 때문에 집단 간에 분열이 일어나는 것이 더 일반적이다. 그러면 혁명은 '혁명 이후의 권력 투쟁' 단계에 들어선다.

이러한 분열은 새 정권을 위협하는 위기 때문에 악화되는 경우가 많다. 옛 질서의 지지자들이 종종 외세의 지원을 받아 반혁명을 통해 새 정권을 몰아내려 할 수도 있다. 지역적 집단이나 소수파가 권력을 더 많이 차지하기 위해 싸우거나 혁명 경찰에 맞서 싸울 수도 있다. 이런 혼란 때문에 물가가 상승하거나 경제가 무너질 수도 있다. 내전이나 국제전이 뒤따를지도 모른다. 혁명 지도자들은 종종 이런 위기에 대처할 방안을 두고 첨예하게 대립할 것이다.

이런 대립 과정에서 온건파와 급진파가 곧잘 형성된다. 온건파는 옛 정권의 특징이나 정책 중 일부를 계속 추진하고 싶어할 수도 있으며, 경제 조직이나 사회 조직의 극적인 변화를 꺼릴 것이다. 하지만 전쟁이나 경제 위기, 반혁명이 새 정권을 위협하면 온건한 조치로는 충분하지 않을 때가 많다. 온건 정책이 실패하면 온건파 지도자들은 신임을 잃을 것이며, 더 극단적인 조치로 더 나은 결과를 내놓겠다고 약속하는 급진파가 대중의 지지를 얻을 것이다. 새 정권의 방어와 소유의 재분배에 필요한 자금과 무력을 확보하기 위한 가차없는 조치, 그리고 안팎의 적과 맞서기 위한 냉혹한 조치가 횡행한다.

이런 갈등은 종종 이념의 영역에서도 전개된다. 급진파 지도자는 인민과 혁명의 '참목소리'를 자처하는 한편 온건파와 정적에게 반동분자와 배신자라는 오명을 씌운다. 예전의 헌법은 폐기되고 더 급진적인 헌법으로 대체된다. 많은 혁명은 단명하는 수많은 헌법을 거친다. 새로운 상징과 의례, 새로운 호칭(이를테면 '시민'과 '동지'), 새로운 직위, 행정 단위의 변경과 천도, 새로운 형태의 예술과 복장과 언어가 새 정권에서 장려되는 것이 일반적이다.

급진파는 종종 쿠데타나 모반을 통해 권력을 쥐고 혁명 정부를 접수하여 온건파를 대체한다. 자신의 이상과 정책에 충성하라고 요구하며 숙청이나 공포 정치로 돌아서 수많은 사람을 처형하거나 투옥하기도 한다. 혁명가들이 서로를 공격하며 예전의 동지를 추방하거나 처형하는 경우도 많다. 한때 걸출한 혁명 지도자였으나 혁명의 제단에서 동료의 손에 희생된 사람은 당통, 트로츠키, 사파타, 린뱌오, 바니사드르, 에스칼란테 말고도 많다.

급진파가 권력을 다졌더라도, 이들의 새로운 정책이 경제 혼란을 일으키거나 내전이나 국제전을 도발하여 수천 명, 심지어 수백만 명의 목숨을 앗아가기도 한다. 외국은 급진파 혁명가들이 자신의 이상과 정책을 나라 밖으로 전파하려 할까 봐 두려워할 수도 있다. 혁명의 소란 때문에 새 정권의 군사력이 약해졌다고 생각할 수도 있다. 어느 쪽이든, 혁명 정권이 조만간 국제 분쟁에 휘말릴 가능성이 다분하다.

어느 시점엔가 급진파는 적을 패배시키거나 자신이 패배한다. 그러면 새 정부는 사람들이 업무에 복귀하고 경제가 회복될 수 있도록 제도를 갖춰야 한다. 권력을 물려받는 쪽이 급진파와 그 계승자든, 새로운 온건파 통치자든, 혁명 정권은 '새로운 정상적' 정부가 된다. 사람들은 이념에 휘둘리는 열정보다는 평범한 출세주의를 받아들이며, 정부는 강대국이나 지역 강국으로서 국제 질서에서 안정된 위치를 얻고자 한다. 이 통합 단계가 지나면, 사태가 마무리되고 혁명이 끝난 것처럼 보인다.

하지만 10~20년이 더 지나면 옛 급진파나 새 세대는 지금의 신질서가 혁명의 이상에 부합하지 못한다고 여길 수도 있다. 이들은 새로운 혁명 조치를 위해 엘리트와 민중 집단을 동원하여 기존 관료와 그들의 정책을 공격하고 더 급진적인 경제적·정치적 변화를 추구할 수도 있다. 이 두번째 급진적 단계는 대체로 혁명 정부를 뒤엎지 못하나 급진주의를 복원한다. 그러면 국내외 정책에서 새로운 중대 변화가 일어나고 대중 동원과 분쟁이 잇따른다. 이 두번째 급진적 단계는 일반적으로 혁명 에너지의 마지막 분출이다. 이 단계가 성공하든 실패하든, 재통합되고 안정된 혁명 정권이 뒤를 잇는다. 이런 예로는 1930년대 스탈린의 농업 집단화, 1960년대 마오쩌둥의 문화 혁명, 1930년대 라사로 카르데나스(Lázaro Cárdenas)의 국유화와 토지 개혁 등이 있다.

혁명 지도력: 선지자적 지도력과 조직가적 지도력

혁명 지도자들은 역사의 중심축이며, 우리는 이 인물들을 통해 혁명을 바라본다. 이들은 자기 나라에서 '국부(國父)'로 추앙받으며 개인숭배의 대상이 되기도 한다. 워싱턴, 나폴레옹, 레닌 등 새로운 강국을 건설한 영웅으로 역사에 기록되는 지도자도 있다. 이에 반해 로베스피에르, 스탈린, 마오쩌둥 등은 자신의 이념을 맹목적으로 추구하다 수천 명이나 수백만 명의 목숨을 앗아간 괴물로 역사에 기록되었다. 엄밀히 말하자면, 많은 혁명 지도자에게는 두 가지 성격이 다 있다.

나라를 불안정 평형에 빠뜨리는 많은 요인은 돌이켜보면 압도적으로 보일 수 있기 때문에, 혁명 지도자의 역할이 최소화되기도 한다. 구질서가 무너질 수밖에 없을 듯한 상황에서는 혁명 지도자가 나타나 사태를 수습하면 그만이다. 하지만 불안정과 무질서를 활용하고 이 혼란으로부터 성공적 혁명 운동을 구축하여 새 정권을 세우려면 유능한 혁명 지도자가 필요하다. 새로운 사회의 이상을 표현하고 전파할 혁명 지도자가 없으면, 경제 위기나 군사적 패배에 뒤이어 구질서가 (몇 가지 제도적 변경과 조정만 가한 채) 복원될 가능성이 크다. 혁명 지도자가 다양한 엘리트와 민중 집단을 엮어 탄탄한 연합체를 구성할 능력이 없으면, 옛 정권이 적을 물리칠 것이고 혁명은 일어나지 못할 것이다. 이렇듯 온건한 정책을 추진할 것인가 급진적 정책을 추구할 것인가, 전쟁을 벌일 것인가 테러를 저지를 것인가, 법률과 사회를 어떻게 재건할 것인가 등에 대한 결정으로 혁명의 최종적 성패를 가르는 것은 혁명 지도자다.

온건파 혁명 지도자는 대체로 기존 엘리트 계층에서 배출되며 심지어 기존 정권에 속한 경우도 적지 않다. 군 장교나 의원, 지방 관료 등이 이에 해당한다. 이들은 주로 개혁을 옹호하며, 옛 정권이 시급한 국가적 과제의 해결에 대해 비타협적이거나 변덕스럽거나 무능하다고 생각할 때만 혁명을, 그것도 마지못해 추구한다. 급진파 혁명 지도자도 대체로 기존 엘리트 계층에서 배출되지만, 이들은 중간층에 더 가까운 초급 장교와 전문직, 대학생, 지역 지도자 등이다. 배경과 성장 환경을 보자면 이들은 안정기였다면 정치나 사업이나 전문직에서 경력을 추구했을 사람들이다. 이들은 일반적으로 어떤 경험을 계기로—이를테면 자신이나 가족이 정부 공무원에게 학대를 당했을 수도 있고, 정치적 견해 때문에 처벌을 받았을 수도 있다—급진화된다. 이들은 애국심이 투철하고 자신의 사회를 불안정 평형으로 이끄는 문제를 남달리 예리하게 인식하는 경향이 있다. 이에 따라 정부 정책의 중대한 변화를 이끌어내기 위해 해법을 마련하고 운동을 벌이느라 많은 시간과 노력을 바친다(운동 때문에 정부 당국과 마찰을 빚는 경우도 많다).

혁명 지도자에게는 전혀 다른 두 가지 자질이 필요하다. 선시자적 지도자는 다작의 저술가이며 종종 위대한 연설가다. 이들은 옛 사회의 잘못을 꼬집고 사회 변화를 역설한다. 옛 정권의 불의를 생생히 묘사하며, 변화의 필연성과 불가피성을 구체적으로 그려내 혁명 지지층이 될 다양한 집단을 독려하고 결속한다. 혁명기에도 계속해서 혁명 세력의 사기를 북돋우고 방향을 제시한다. 이런 선지자적 지도자로는 토머스 제퍼슨, 로베스피에르, 프란시스코 마데로(Francisco Madero), V. I. 레닌, 마오쩌둥, 피델 카스트로, 호찌민, 마하트마 간디, 바츨라프 하벨, 아야톨라 호메이니 등이 있다.

조직가적 지도자는 뛰어난 조직가이자 조직의 지도자다. 혁명군과 관료를 조직하고 급여와 보급을 확보하는 것이 바로 이들이다. 조직가적 지도자는 선지자적 지도자의 이상을 어떻게 실현할지 고민하여, 혁명이 적을 물리치고 경제적·정치적 목표를 달성하도록 한다. 이들은 실용주의적이며, 유능한 군장성인 경우도 적지 않다. 이러한 조직가적 지도자로는 조지 워싱턴, 나폴레옹, 베누스티아노 카란사(Venustiano Carranza), 레온 트로츠키, 저우언라이, 라울 카스트로, 보응우옌잡(武元甲), 레흐 바웬사(Lech Wałęsa) 등이 있다.

지도자가 성공하려면 두 가지 지도력을 다 갖춰야 한다. 반대파를 고무하고 결집하는 선지자적 지도력이 없으면, 기존 정권은 사분오열된 적을 고립시켜 물리칠 수 있다. 조직가적 지도력이 없으면, 새 혁명 정권이 효과 없는 정책과 자원 부족 때문에 쇠퇴하고 붕괴하여 혁명 세력이 내적으로든 외적으로든 적에게 쉽게 패배할 것이다.

대다수 혁명에서는 선지자적 지도자와 조직가적 지도자가

손을 잡는다. 실제로 선지자 역할을 맡은 지도자와 조직가 역할을 맡은 지도자가 여러 명 있는 경우도 있다. 하지만 경우에 따라서는 한 인물이 선지자적 지도자이자 조직가적 지도자를 겸하기도 한다. 대표적인 예로는 시몬 볼리바르(Simón Bolívar), 케말 아타튀르크, 덩샤오핑 등이 있다. 이들이 어떤 역할을 맡았든, 혁명 지도자들에 대한 판단을 결정하는 것은 대체로 이들이 이끈 혁명이 어떤 결과를 가져왔느냐다.

혁명의 결과

혁명의 결과는 판단하기 힘들 때가 많다. 결과를 언제 평가해야 할지 알기 힘들기 때문이다. 1917년 러시아 혁명의 주된 결과는 1930년대 스탈린의 농업 집단화로 수백만 명이 목숨을 잃은 것일까? 아니면 소련이 나치의 맹공을 이겨내고 1960년대에 세계의 두 초강대국 중 하나로 올라선 것에 주목해야 할까? 1989~1991년 소련 붕괴는 72년 전 러시아 혁명의 필연적 결과로 봐야 할까, 1980년대 고르바초프를 비롯한 소련 지도자들의 잘못된 선택 때문이라고 봐야 할까?

1776년 미국 독립 혁명의 결과는 1787년에 채택되어 200년 이상 유지된 헌법일까? 아니면, 미국 독립 혁명과 헌법 타협의 결과는 1860년대에 미국이 피비린내 나는 내전에 빠진 것일까?

혁명의 결과는 많고 다양하며 드러나는 시점도 제각각이다. 미국 독립 혁명은 민주주의를 만들어냈다고 칭송받지만, 실은 인구의 절반 이상인 여성과 노예는 100년 넘도록 투표권을 누리지 못했다. 무산계급문화대혁명(無産階級文化大革命) 시기에 중국은 내부 갈등과 이념 다툼으로 갈라지고 빈곤해진 것처럼 보였지만, 20년 뒤에는 근대의 성장 기적을 달성했으며 세계 2위의 경제 대국이 되었다.

이런 다양성에도 불구하고 혁명의 결과에는 몇 가지 뚜렷한 원리가 있다. 첫째, 결과는 금세 드러나지 않는다. 앞 절에서 설명한 과정이 전개되는 데는 대체로 몇 년, 심지어 몇십 년이 걸린다. 옛 체제가 무너지고 안정된 새 혁명 정권의 모습이 뚜렷해지기까지는 평균 10~12년이 걸린다.

둘째, 혁명은 특징적 결과를 나타내는 몇 가지 유형으로 나뉜다. '사회 혁명'은 다량의 소유를 재분배하고 예전에 배제된 사회 집단 구성원에게 권력을 부여한다. 사회 혁명은 거대한 변화를 동반하기 때문에, 예외 없이 반혁명 시도가 뒤따르며 강력한 정권만이 변화를 공고히 다질 수 있다. 따라서 고도로 중앙 집권화된 권위주의 국가가 건설되며, 일당제나 공산주의 정권이 들어서는 경우도 많다. 경제적 평등의 증진을 확립하기 위해, 일반적으로 토지 재분배나 농업 집단화, 문해력 및 교육 개혁, 공중 보건 조치 같은 사회 프로그램이 도입된다. 중앙 집중적 정권의 강력한 영도하에 빠른 산업화와 경제 성장을 곧잘 경험하지만, 시장 지향적 개혁이 도입되지 않으면 성장이 부쩍 약화되어 경제 침체로 이어진다. 사회 혁명의 예로는 프랑스 혁명, 멕시코 혁명, 러시아 혁명, 중국 공산혁명, 쿠바 혁명, 에티오피아 혁명, 이란 이슬람 혁명 등이 있다.

'반(反)제국주의 혁명'은 신생 독립국을 건설하기 위해 (영토를 지배하는) 외국 열강에 저항하는 반란이다. 독립을 쟁취하는 것 말고는 국내에서 어떤 결과를 낳을지 불확실하다. 어떤 혁명은 민주주의로 이어지고, 어떤 혁명은 군사 정권이나 문민 독재로 이어지고, 또 어떤 혁명은 공산 정권으로 이어진다. 이러한 결과의 공통된 특징은 새로운 나라의 출현으로 인해 그동안 지배적이던 국제 관계 체제가 혼란에 빠진다는 것이다. 예전의 식민 열강은 영토를 잃어 힘이 약해지는 한편 신생국 스스로 지역 열강이 되기도 한다. 다른 열강이 신생국과 동맹을 맺거나 이들을 통제하여 국위를 높이려 할 수도 있다. 그 결과, 반제국주의 혁명은 거의 언제나 국제 관계를 주요하게 변화시킨다. 국제 체제의 변화는 여러 나라에 영향을 미치기 때문에, 다른 나라의 식민 정권이 불안정 평형에 접어들면 하나의 반제국주의 혁명이 대륙 전역에 반제국주의 혁명의 물결을 일으킬 수도 있다. 반제국주의 혁명의 예로는 미국 독립 혁명, 아이티 혁명, 라틴아메리카 혁명, 알제리 혁명, 인도 혁명, 베트남 혁명, 인도네시아 혁명, 앙골라 혁명, 모잠비크 혁명 등이 있다.

'민주화 혁명'은 부패하고 무능하고 위법적이 된 권위주의 정권을 무너뜨리고 책임과 대표성이 더 높은 정권으로 이를 대체하려 한다. 이들은 계급 적대(이를테면 농민 대 지주, 노동자 대 자본가)를 바탕으로 지지자를 동원하는 것이 아니라 사회적 스펙트럼 전체에 걸쳐 지지를 이끌어낸다. 처음에는 선거 운동으로 시작될 수도 있고, 선거 부정에 대한 항의에서 출발할 수도 있다. 민주화 혁명은 이념적 열정이 없으며, 민주화 혁명의 지도자는 자신이 새로운 사회 질서나 신생국을 건설한다고 여기지 않는다. 따라서 대체로 비폭력적이며, 내전이나 급진적 단계, 혁명적 공포 정치로 이어지지 않는다. 안타깝게도, 격렬한 논쟁이 벌어지지 않는 탓에 여러 집단이 연합하여 정권을 세우는데 그중 누구도 권력을 다지고 새 정권을 강화하는 데 필요한 단호한 조치를 취하고 싶어하지 않는다. 그러니 혁명이 표류하기 일쑤다. 지도자들은 부패와 치졸한 내분에 빠지고 걸핏하면 지도부가 교체되거나 권위주의적 성향이 재발하는 '반편이 민주주의'로 귀결된다. 특히 민주주의 경험이 없는 나라에서 이런 일이 자주 벌어진다. 이러한 예로는 1848년 유럽 혁명, 1911년 신해혁명, 소련의 반(反)공산주의 혁명,

우크라이나, 필리핀, 조지아의 '색깔 혁명', 튀니지와 이집트의 2011년 아랍 혁명 등이 있다.

모든 혁명이 이 주요 유형에 속하는 것은 아니다. 이를테면 리비아와 시리아의 2011년 혁명은 민주화 혁명으로 시작되었지만 통치자에 대한 민족적 또는 부족적 충성이 끈질긴 탓에 내전으로 이어졌다. 터키 혁명, 메이지 유신, 이집트의 나세르 혁명은 모두 전통적 군주제나 제국을 (헌법과 세속 정부를 갖춘) 근대 국민 국가로 대체하려 했지만 결국 군사 정권으로 끝나고 말았다.

혁명이 민주주의로 이어질 가능성이 커지려면 민주주의 경험이 있어야 하며, 내전을 촉발하는 강력한 반혁명적 위협을 부추기지 않아야 한다. 이와 반대로 새 정권 내에서 경쟁하는 집단 간에 대립과 갈등이 격화되고 혁명 지도자가 특정 이념이나 민족 정체성에 집착하면 민주주의로 이어지기 힘들다.

새 혁명 정권이 특정 이념이나 민족 정체성에 집착하면 특히 소수파에 가혹해져, 이들을 사회문제의 희생양으로 삼고 새 정권의 배신자나 적으로 돌리기 쉽다. 독일의 나치 혁명이나 캄보디아의 크메르루주 혁명 같은 경우는 새 정권의 소수파 공격이 집단 살해 수준에 이르기도 했다. 인종적·종교적 소수파가 거창한 약속을 받아내기도 하지만, 혁명 이후의 사회가 진정한 평등을 이루는 경우는 드물다. 이를테면 공산주의 쿠바와 노예 해방 이후 미국에서 흑인은 공식적 평등 선언에도 불구하고 여전히 차별을 겪고 있다.

혁명의 결과가 추종자를 한결같이 실망시킨 또다른 분야는 여성의 권리다. 유사 이래 여성은 사회 정의를 위해 남성과 함께 행진하고 시위하고 싸웠다. 1789년에 파리의 여인들은 가족과 자녀를 위해 식량과 존엄을 요구하며 베르사유에서 행진했으며 1791년에 마리 구즈(Marie Gouze)는 『여성 권리 선언Déclaration des droits de la femme et de la citoyenne』을 출간했다. 멕시코에서는 돌로레스 히메네스 이 무로(Dolores Jiménez y Muro)와 에르밀라 갈린도(Hermila Galindo)가 주도적 정치 조직가이자 저술가로 활약했으며 여성 수천 명이 혁명군에서 '솔다데라스(soldaderas)'〔비전투 종군자—옮긴이〕로 싸웠다. 러시아와 독일에서는 알렉산드라 콜론타이(Alexandra Kollontai), 나데즈다 크룹스카야(Nadezhda Krupskaya), 로자 룩셈부르크(Rosa Luxemburg)가 공산당과 사회주의 당의 지도부에서 혁명을 지원했다. 쿠바에서는 셀리아 산체스(Celia Sánchez)와 빌마 에스핀(Vilma Espín)이 혁명에서 핵심적 역할을 했으며 니카라과에서는 산디니스타 무장 세력의 30퍼센트 이상이 여성이었다.

모범적 용기와 희생의 대가로 혁명 지도자들은 새 혁명 정권에서 여성에게 평등한 역할을 부여할 것이라고 곧잘 약속했다. 하지만 혁명 세력이 권력을 잡으면 예외 없이 남성이 주요 정치적·군사적·경제적 지도부의 대다수를 차지하는 반면에 여성은 가정으로 돌아가 집안일에 전념하라는 충고를 듣는다. 여성이 교육을 받고 노동과 전문직에 진출할 기회가 있는 곳에서도 임금은 여전히 낮으며 여성은 자녀 양육과 가사의 부담을 대부분 짊어진다. 인도의 인디라 간디(Indira Gandhi), 니카라과의 비올레타 차모로(Violeta Chamorro), 필리핀의 코라손 아키노(Corazon Aquino)처럼 여성이 혁명에서 국가 지도자로 등장하는 경우가 있기는 하지만, 이들은 정계 거물인 아버지나 남편을 계승한 것일 뿐 사회를 지배하는 가부장적 성격을 변화시키지는 못했다. 여성은 민족적·종교적 소수파와 더불어, 평등이라는 혁명의 약속에서 늘 배신을 당했다. 투표권과 여성의 권리를 위해 직접 대중운동을 벌였을 때에만 진척을 이룰 수 있었다.

혁명의 과정과 결과는 역사를 통틀어 꾸준히 진화했다. 고대 그리스 도시 국가의 혁명에서 탄생한 시민권(citizenship) 개념은 르네상스에서 부활하여 18세기 미국 독립 혁명과 프랑스 혁명에 연료를 공급했다. 사회주의의 꿈은 19세기에 등장하여 19세기와 20세기에 전 세계에서 공산혁명을 일으켰다. 민족 공동체가 스스로를 통치할 권리로서의 유럽의 민족주의 개념은 훗날 유럽 열강에 저항하는 반제국주의 혁명을 낳았다. 한마디로 혁명은 정치, 국가, 국제 관계를 끊임없이 변경하고 재편했다.

혁명이 아니었다면, 우리는 민주적이고 입헌적인 정부, 자유와 인권을 위한 운동, 시민권과 민족주의 개념을 누리고 있지 못할 것이다. 하지만 그 과정에서 막대한 비용을 치러야 했다. 프랑스 혁명에서는 프랑스의 남녀 100만 명 이상이 봉기와 혁명적 내전, 국제전에서 목숨을 잃었다. 이는 혁명 전 인구의 약 20분의 1에 이른다. 멕시코 혁명, 러시아 혁명, 중국 공산혁명에서는 인구의 10분의 1에 가까운 수천만 명이 희생되었다. 동유럽에서 공산주의에 저항한 '벨벳' 혁명처럼 최근에는 피를 덜 흘린 혁명도 있었다. 그러나 캄보디아의 크메르 루주 혁명처럼 인구의 30퍼센트 가까운 사람들이 전쟁과 집단 살해로 죽은 경우도 있었다. 이렇듯 혁명은 영웅주의뿐 아니라 공포로도 이름값을 한다.

제 4 장

고대의 혁명

혁명은 역사 자체만큼이나 오래되었다. 정부와 조세의 기록
이 남아 있는 시기에는—이집트 파라오 시대까지 거슬러올
라간다—사회 정의라는 이름으로 정부를 무너뜨리고 정부의
기존 제도를 새 제도로 교체하려는 시도가 늘 있었다. 하지만
정부의 성격이 달라지면서 혁명의 성격도 달라졌다. 심지어
혁명이 무엇을 수반하는가에 대한 (혁명가와 정치 이론가의) 이
해도 시간이 흐르면서 발전했다. '혁명'이라는 용어는 시대에
따라 정치적 변화의 순환적 패턴, 자연 질서의 복원, 폭력적이
고 영구적인 정치적 변화 등을 의미했으며 오늘날은 민주적
권리의 평화적 주장을 포함하기에 이르렀다.

파라오로부터 그리스와 로마에 이르는 혁명들

이집트 고(古)왕국의 마지막 파라오 페피 2세의 치세는 서기전 22세기에 혁명으로 막을 내린 것으로 보인다. 페피 2세는 지방 군주들에 대한 통제권을 잃어갔으며 중앙의 지배권이 약해짐에 따라 사람들은 부자들의 집을 공격하여 재산을 약탈했다. 행정관들이 자리에서 쫓겨났으며 왕궁이 노략질당했다. 이 사건을 묘사한 고대 파피루스 두루마리에는 기근과 파괴의 와중에 사회 질서가 어떻게 무너졌는지 기록되어 있다. "가난한 자들이 기뻐한다. 모든 도시에서 말한다. '우리 중에 힘 있는 자를 억누르자.' (…) 이제는 고관대작의 아들도 장삼이사의 아들과 구분되지 않는다. (…) 보라. 예복을 입던 자가 넝마를 입었으며 남은 음식을 구걸하던 자의 그릇이 넘치는구나. (…) 왕이 가난한 자들에게 쫓겨났도다." 그 뒤로 지방 귀족들이 정권을 차지하여 100년 넘게 통치하다 새 파라오가 중(中)왕국 제1왕조를 세웠다. 2011년 이집트 혁명 기간에 이집트인들은 (알려진 대로) 세계 최초의 민중 혁명 이야기를 뿌듯하게 되뇌며 불의에 항거한 오랜 역사가 이집트인에게 있음을 과시했다.

고고학자들도 서기전 13세기에 지중해 동부에서 왕궁을 공격한 증거를 발견했으나, 이것이 약탈이었는지 혁명이었는지는 분명치 않다. 하지만 서기전 8세기 그리스에서는 갈등이 체제 변화로 이어진 명백한 사례를 찾아볼 수 있다.

서기전 800년경에 이르기까지는 청동 무기와 전차의 가격이 너무 비싸서 귀족만이 이를 감당할 수 있었다. 귀족과 사제를 등에 업은 왕이 지배했다. 실제로 이집트와 페르시아 등에서는 통치자가 신이나 반신을 자처했다. 정부의 성격을 바꾸려는 대중 동원은 매우 드물었다.

인구가 늘면서 교역이 증가하고 무기가 저렴해졌다. 중장보병(호플리테스)이 귀족 전차병을 대신하여 군대의 주력이 되었다. 이로 인해 귀족의 지배력이 약화되었으며 그리스 사회에서는 엘리트 집단과 민중 집단이 조직적 갈등을 겪기 시작했다. 이 갈등은 주기적 권력 이동을 낳았으며, 그중 몇몇은 정부 제도의 대대적 변화로 이어졌다. 대략 서기전 700년에서 서기 100년까지, 역사상 처음으로 혁명이 꽤 흔해졌다.

그리스인들은 정부의 형태를 다섯 가지로 분류했다. 군주정은 왕족이 세습 통치권을 주장하는 체제이고, 귀족정은 엘리트 특권층이 권력을 차지한 체제이며, (독재정이라 부를 수 있는) 참주정은 개인이 무력으로 권력을 손에 넣고 제멋대로 통치하는 체제이고, 과두정은 소규모의 시민(대체로 최고 부유층)이 모든 사람을 대신하여 법률을 제정하고 결정을 내리는 체제이며, 민주정은 행위 능력이 있는 모든 남성이 법률 제정과 판결, 지도자 선출에 참여하는 체제다. 플라톤과 아리스토텔레스는 둘 다 그리스 전역에서 이 다양한 정부 형태를 목격했으며 체제 변화의 원인에 대해 글을 남겼다.

플라톤과 아리스토텔레스는 사회적 불의가 혁명의 원인이라고 생각했다. 플라톤은 귀족이 능력과 덕으로 통치하는 사회가 최선이라고 주장했으나, 귀족이 덕 대신 돈에 치중하면 무능하고 분열된 과두정이 되어 인민에게 타도될 것이라고 덧붙였다. 인민은 민주정을 세울 테지만, 모두가 사익을 추구함에 따라 민주정도 퇴보할 것이다. 결국 이 무질서를 틈타 참주가 권력을 쥔다. 아리스토텔레스는 개인적 경쟁 관계와 외부의 개입을 비롯하여 혁명에 이를 수 있는 여러 요인을 설명했다. 하지만 주된 원인은 늘 불의였다. 불의는 부유한 소수가 가난한 다수를 억압하는 것일 수도 있고, 가난한 다수가 선동에 빠져 부자를 공격하는 것일 수도 있다. 아리스토텔레스가 보기에 부와 수와 능력의 균형을 유지하는 체제야말로 안정의 관건이었다.

현실에서는 인민 분파와 귀족 분파가 권력 다툼을 벌이면서 그리스의 많은 도시 국가가 잇따라 혁명을 겪었다. 이 혁명들은 전쟁에 뒤이어, 특히 패전으로 지배층이 약해졌을 때 주로 일어났다. 흔한 패턴은 참주가 된 포퓰리스트 지도자가 귀족을 타도하는 것이었다. 참주는 대중운동으로 타도되었으며, 이는 더 균형잡히고 법률에 근거한 정부 형태를 추구하는 형식적 체제를 낳았다. 아테네의 솔론 체제와 스파르타의 리쿠르고스 체제는 가장 유명한 본보기로, 둘 다 남성 시민으로 이루어진 민회에서 법률을 제정했다.

아테네와 스파르타가 그리스 전역의 패권을 다툰 펠로폰네소스 전쟁 기간에 두 나라에서는 종종 적국과 연합하는 정부를 뒤엎으려는 혁명이 일어났다(현대의 냉전 시기 미국과 소련의 관계와 매우 비슷했다). 펠로폰네소스 전쟁을 기록한 위대한 고대 역사가 투키디데스는 그리스가 이 시기에 혁명으로 어떻게 몸살을 앓았는지 서술했다. 『펠로폰네소스 전쟁사』 제3권에서는 친아테네 민주파(이들은 노예를 해방시켜 전쟁에 내보냈다)와 친스파르타 과두파(이들은 용병을 고용하여 전쟁에 내보냈다)가 싸운 케르키라 혁명(서기전 427년)을 자세히 묘사했다. 투키디데스는 후대에 일어난 대혁명들과 마찬가지로 케르키라 혁명이 살육과 혼란으로 점철되었다고 기록한다. "죽음은 온갖 모습으로 다가왔고, 그러한 상황에서 있을 법한 모든 일이, 아니 더 끔찍한 일들이 일어났다." 아테네가 대규모 선단을 케르키라 섬에 보내고 민주파가 정적을 학살하고서야 폭동은 끝났다.

로마의 영광도 고대의 혁명에 뿌리를 둔다. 로마의 도시국가는 처음에는 외국 에트루리아의 왕이 다스린 듯하다. 서기전 6세기 말에 로마인들이 봉기하여 최후의 외국인 왕을 몰아내고 군주정을 시민 기반의 정부로 대체했는데, 그들은 이를 공화국이라 불렀다. '공화국'이라는 용어의 어원은 '공공의 일'을 뜻하는 라틴어 '레스 푸블리카(res publica)'다. 이는 정치라는 것이 왕과 귀족의 사적인 일이 아니라 공공의 관심사가 되었다는 뜻이다. 이 혁명으로 탄생한 정치체제에서는 귀족으로 이루어진 원로원이 국가에 자문을 제공하고 법률을 제안했으나 주요 공직자(집정관과 호민관)를 선출하고 법률을 통과시키는 민회에서는 모든 시민에게 투표권이 있었다.

로마 공화국은 이 형태로 약 500년간 존속했다. 하지만 정복 사업이 확대되고 도시가 관할하는 인구와 토지가 증가하면서 시민이 정부에 참여하도록 마련된 제도가 제 기능을 발휘하기가 점점 힘들어졌다. 유력 원로원 의원들은 막대한 부를 쌓았으며 군대의 지도자들은 막대한 권력을 손에 넣었다. 원로원은 고위급 장군들을 통솔하는 데 점차 어려움을 겪었으며 사람들은 원로원에 대한 신뢰를 잃었다. 서기전 2세기 후반에, 평민회에서 호민관으로 선출된 그라쿠스 형제(티베리우스와 가이우스)는 귀족의 재산 일부를 평민에게 재분배한다는 법률을 제정하려 했다. 이들은 역사상 최초의 사회주의자로 칭송받기도 하지만, 말썽을 일으켰다는 이유로 암살당했으며 그들의 시도는 수포로 돌아갔다.

당시에 고위급 장군들은 민중의 지지를 얻어 원로원에 도

1. 로마 원로원 회의.

전하려 했다. 서기전 49년에, 외국에서 잇따라 승전하여 대단한 명성과 인기를 얻은 율리우스 카이사르는 지휘권을 반납하라는 원로원의 명령을 거부하고 로마로 진군했다. 이후 5년 동안 카이사르는 정적과 전쟁을 벌이고 이집트(와 여왕 클레오파트라)를 정복하고 원로원으로부터 더 폭넓고 영구적인 권력을 부여받았다. 서기전 44년에, 플루타르코스와 셰익스피어가 전하는 바와 같이 카이사르는 그의 권력 증대를 두려워한 일군의 원로원 의원에게 암살당했다.

그가 죽은 뒤에 조카의 아들이자 양자 옥타비아누스는 카이사르가 로마 민중과 군인들에게서 누리던 엄청난 인기를 발판으로 잇따라 내전을 치러 카이사르의 적을 모두 소탕했다. 옥타비아누스는 오늘날 '로마 혁명'으로 불리는 사건을 통해 유일 권력을 얻자 원로원과 민회의 권한을 축소했으며 로마 제국의 정치적 기틀을 마련했다.

옥타비아누스는 아우구스투스 카이사르라는 칭호를 얻었다. 원로원과 민회가 존속하도록 허용하기는 했지만, 그는 점차 스스로에게 신적 속성을 부여하여 자신의 결정을 어떤 법률이나 제도보다도 우위에 두었다. 아우구스투스는 군 장교와 민간 관료의 선발을 좌우했으며 믿을 만한 친척과 심복을 요직에 앉혔다. 새로운 제국 체제는 거의 2000년에 걸쳐 모든 로마 황제와 비잔티움 황제, 이후의 유럽 국왕이 '왕권신수설'

을 내세울 토대를 놓았다.

아우구스투스 당시의 로마 종교는 그리스인들을 따라 많은 신을 섬겼으므로, 아우구스투스는 스스로에게 신적 속성을 부여함으로써 지상에서 영웅이나 반신이 된 올림포스 신의 수많은 후손 중 한 명으로 전락했다. 하지만 기독교가 로마 제국에 전파되자, 참된 유일신과 그의 아들 예수 그리스도가 왕들에게 지상의 섭정으로서 인류를 통치하도록 자신의 신적 권위를 부여했다는 논리가 성립했다. 이로써 왕은 인간이 만든 어떤 법률보다도 우위를 차지했으며 정당하게 즉위한 왕에게 저항하는 반란은 단순한 정치적 분쟁이 아니라 이단 행위로 치부되었다. 그 결과로 사람들은 시민이 아니라 신민(臣民)이 되었으며 혁명은 1000년 넘도록 중단되었다.

서기 1~1200년에
황제와 왕 치하에서 혁명이 중단되다

고대 그리스와 이탈리아는 부유한 지역이 아니었다. 산과 습지가 많은 반도였기에, 이집트, 메소포타미아, 페르시아, 북인도, 중국의 부유한 제국이 기반으로 삼은 드넓은 강 유역과 평원이 없었다. 따라서 그리스와 로마의 도시국가는 혁명을 겪고 시민의 체제와 관념을 발달시킨 작고 꽤 평등주의적인 사회로서 발전한 반면에, 다른 주요 문명에서는 비슷한 발전이 전혀 일어나지 않았다. 실제로 거대 제국이 건설된 곳에서는 어김없이 정부가 신에게 승인받은 세습 통치자의 형태를 취하여, 강력한 임명직 관료 체계를 통해—대체로 성직자의 위계질서와 긴밀히 협력하여—어마어마한 부와 권력을 휘둘렀다. 이러한 관료-농업적(bureaucratic-agrarian) 제국은 종종 농민 봉기와 지방 반란을 겪기는 했으나, 혁명이 일어나기보다는 왕조가 교체되는 것에 그쳤다.

이런 제국에서는 통치 가문이 통치권 유지에 주기적으로 어려움을 겪는다. 페피 2세의 경우처럼, 지방 군주가 중앙 정권을 희생시켜 권력을 쥘 수도 있다. 인구가 꾸준히 증가하여 경제 전체가 힘든 시기를 겪을 수도 있다. 이 때문에 토지가 부족해지면 농민이 가족을 먹여 살리고 엘리트와 제국 정부가 재원을 마련하기가 더 힘들어진다. 그러면 엘리트는 개혁을 요구하며, 부덕한 통치자가 변고를 책임져야 한다고 주장한다. 하지만 일반적으로 이런 제국은 창건 시대의 황금기나 자기네 문명의 경전을 이상으로 떠받들었다. 그래서 불의가 자행되고 인민이 고통받고 통치의 위기가 발생했을 때의 진단은 언제나 통치자가 과거의 전통적 덕을 저버렸다는 것이었다. 중국에서는 통치자가 유교적 덕목에 부합하지 못하는 것을 일컬어 '천명을 저버렸다'라고 했다. 따라서 정부에 저항하여 새 통치자를 세운 봉기는 대체로 새 정부가 과거의 이상적 본보기에 대한 더 효율적인 형태가 되도록 하려는 행정 개혁으로 이어졌다. 이렇게 새 왕조가 들어서지만, 정치제도는 이전 정권을 조금 개혁한 것에 지나지 않았다.

필리포스 2세와 알렉산드로스 대왕이 그리스 도시국가의 독립을 좌절시키고 거대 제국을 건설한 뒤에 지중해 동부와 중앙아시아에서 등장한 헬레니즘 왕국에서는 이 패턴이 지배적이었다. 페르시아, 북아프리카와 스페인의 아랍 칼리파와 이슬람 왕조, 오스만 제국을 비롯한 이슬람 문명도 같은 패턴을 따랐다. 14세기 아랍의 사회학자 이븐 할둔은 왕조의 변천에 대한 이론을 자세히 설명한 최초의 학자였다. 고대 인도, 지중해 동부의 비잔티움 제국, 제국 시대 중국도 패턴은 같았다. 아우구스투스 시대 이후로 로마 제국 치하의 유럽에서도 같은 패턴이 나타났다.

하지만 한 통치 가문에서 다른 통치 가문으로 왕권이 넘어가는 과정에서 정의를 증진하려는 싸움이 새로운 패턴의 정권을 낳거나 새로운 집단이 권력을 잡는 등 혁명의 성격을 띤 예외가 몇 번 있었다. 이중 두 가지는 아직도 현대의 정치에 영향을 미치고 있다.

하나는 초기 이슬람 제국에서 벌어진 투쟁으로, '아바스 혁명'으로 알려져 있다. 서기 632년에 예언자 무함마드가 죽자 추종자들은 무슬림 공동체의 우두머리인 칼리파를 선출했다. 초기 칼리파 치하에서 이슬람은 중동 전역으로 전파되었다. 4대 칼리파 알리는 무함마드의 사촌 동생이자 사위였으며 가장 가까운 생존 친척이었다. 하지만 서기 661년에 알리가 암살당했다. 그가 죽은 뒤에 시리아 총독이 왕권을 주장하며 우마이야 왕조를 창건했다. 그로부터 100년 동안 우마이야 칼리파는 스페인에서 페르시아까지 이슬람의 영토를 넓혔다. 하지만 폭동이 많이 일어났는데, 알리의 추종자들이 일으킨 폭동이 대표적이었다. 알리의 당파(아랍어로 '시아')는 칼리파가 예언자 무함마드의 직계 후손이어야 하며 (따라서) 우마이야 칼리파는 정통성이 없다고 주장했다. 알리의 작은아들 후세인 이븐 알리가 우마이야에 맞서 반란을 주도했지만, 서기 680년에 카르발라 전투에서 패배하여 목숨을 잃었다.

하지만 우마이야 왕조는 또다른 도전에 직면했다. 제국이 엄청나게 확장되었으나 이들은 여전히 아랍인, 특히 시리아인을 우대했으며 비(非)아랍 개종자를 이류 무슬림으로 취급하여 공직에서 배제했다. 세금을 극단적으로 인상했으며 불경한 행위를 저질러 비난받았다. 우마이야의 통치에 대한 대중적 반발이 꾸준히 증가했다. 예언자 무함마드의 후손을 칼리파로 복원하기를 원하고 모든 무슬림, 특히 페르시아인 개종자를 평등하게 대하자고 제안하는 열성적 무슬림이 반대 운동의 중심에 섰다. 무함마드의 삼촌 아부 알아바스의 추종자들은 자신들이 무함마드의 후손이라고 주장하며 페르시아에서 군사를 일으켜 서기 750년에 우마이야 왕조를 물리쳤다. 권력을 손에 넣은 새 통치자는 수도를 시리아의 다마스쿠스에서 바그다드로 옮겼다. 이곳에서 아바스 왕조는 500년 동안 통치하며 아랍과 페르시아 문화를 혼합하여 이슬람 황금기를 구가했다. 우마이야 잔당은 스페인으로 달아나 코르도바에 경쟁 왕조를 세웠다.

아바스 왕조가 칼리파를 인정하는 무슬림을 모두 평등하게 대우한 것은 사회 혁명이었으며, 15세기에 칼리파를 자처하며 이스탄불로 천도한 오스만 제국의 통치를 통해 수세기 동안 지속되었다. 아바스 칼리파와 (이후의) 오스만 칼리파의 권위를 인정하는 사람들은 모두 수니파 무슬림으로 불리게 되었다. 하지만 무슬림의 꽤 큰 종파는 아바스 왕조가 예언자 무함마드의 후손임을 인정하지 않고 여전히 알리의 혈통에서 구원자와 미래의 칼리파를 찾았다. 이들은 시아파 무슬림으로 불리게 되었으며, 기념일 아슈라가 되면 카르발라 전투에서 목숨을 잃은 후세인의 순교를 기린다. 16세기에 이란의 사파비 왕조는 경쟁자인 오스만 제국에 맞서 자신의 권력 주장을 정당화하기 위해 시아파를 공식 종교로 채택함으로써 이란 민족주의와 시아파 신앙을 혼합했다. 수니파 무슬림과 시아파 무슬림 사이의 갈등은 오늘날까지 중동과 북아프리카에서 정치를 좌우하고 있으며 바레인, 이란, 이라크, 레바논, 시리아 등의 나라에서 근대 혁명 운동에 영향을 미쳤다.

근대에까지 여파를 미치고 있는 또다른 초기 혁명으로는 서기전 164년 마카베오 혁명이 있다. 알렉산드로스 대왕이 죽자 유대인의 영토 팔레스타인은 시리아 셀레우코스 왕조의 지배를 받게 되었다. 셀레우코스 통치자들은 그리스의 종교와 문화를 장려했는데, 심지어 많은 유대인조차 여기에 매력을 느낀 탓에 유대인 지도부는 그리스 관습을 받아들인 집단과 전통적 유대교 율법을 엄격히 고수해야 한다고 주장하는 근본주의자로 나뉘었다. 서기전 167년에 셀레우코스 왕 안티오코스 4세는 유대교 풍습을 근절하고 그리스의 법률과 종교를 강요하려 했다. 희생 제사와 할례〔남자의 성기 끝 살가죽을 끊어내는 풍습으로, 지금도 유대교도, 이슬람교도, 아프리카의 여러 종족들이 행하고 있다—옮긴이〕, 안식일과 유대교 절기, 토라〔유대교에서, '율법'을 이르는 말—옮긴이〕 낭독 등을 금지했으며 유대교 사원에서 이교도 신을 숭배하도록 강요하려 들었다. 일부 유대인은 안티오코스의 위세에 눌려 변화에 순응했다. 그런가 하면 전통을 버리기보다는 처형을 택한 사람들도 있었다. 하지만 예루살렘 외곽 마을에서 유대교 제사장 마타시아스와 다섯 명의 아들이 스스로를 '마카베오'('망치'라는 뜻)라고 부르며 유대교 신앙을 회복하고 셀레우코스 왕조를 몰아내기 위해 투쟁하기로 결심했다.

이들의 이야기는 근대 혁명을 방불케 한다. 마카베오는 셀레우코스 세력에 맞서 게릴라전을 벌이기 시작했다. 초기의 승전을 발판 삼아 마타시아스의 아들 유다와 그 형제들의 지휘하에 정규군을 조직하기에 이르렀다. 이들은 구약성서 다니엘서를 바탕으로 예언적 저항 이념을 발전시켰고, 유다를 현대판 여호수아(가나안을 점령한 성서 속 인물)로 내세웠다. 또 셀레우코스 정권이 파병한 대군을 맞아 빼어난 열의와 전술로 연전연승을 거두었으며 셀레우코스 지도부의 분열을 교묘히 활용하고 스파르타 및 로마와의 동맹으로 이익을 거두었다.

서기전 164년에 마카베오는 예루살렘을 점령하고 성전에서 이교도적 숭배 행위를 일소하고 성전에 불을 피웠는데, 전설에 따르면 하루치 기름으로 여드레를 태웠다고 한다. 그뒤로 23년 동안 산발적으로 전투가 벌어졌으며, 마침내 최후의 시리아 주둔군이 쫓겨났다. 마카베오는 팔레스타인에 새로운 유대교 왕조를 세웠으며 할례를 비롯한 유대교 율법을 시행하고 네게브 사막 이북(以北)의 오늘날 현대 이스라엘 전역까지 왕국을 확장했다. 오늘날까지도 유대인들은 하누카라는 빛의 축제로 이 사건을 기념하며, 마카베오 혁명은 독립국 이스라엘을 보존하려는 유대인의 노력에 영감을 불어넣는다. 하지만 여러 세대가 지난 뒤에 유대의 독립은 로마의 손에 끝장났다. 로마의 장군 폼페이우스가 서기전 63년에 이스라엘을 침공하여 점령했다.

아우구스투스의 통치 기간 이후로, 지방에서 반란이 일어나고 장군들이 내전을 벌이고 로마 제국이 서로마 제국(라틴)과 동로마 제국(그리스)으로 분열되었어도 수세기 동안 더는 혁명이 일어나지 않았다. 로마와 비잔티움 국가의 위력, 신에 버금가는 황제의 지위, 효율적 군대가 1000년 넘도록 민중 봉기를 억제했다. 서로마 제국이 프랑크족과 게르만족의 침략으로 무너진 뒤에도, 카롤루스 대제는 유럽에서 프랑스, 독일, 이탈리아를 아우르는 대제국을 재건하여 로마의 계승자를 자처했다. 서기 800년에 교황에게 대관을 받아 신성 로마 제국 황제가 되었으며, 이 칭호는 프랑스 혁명기까지 계승되었다.

카롤루스 가문의 제국은 독일의 가문과 프랑스의 가문으로 분가했으며 독일 가문이 제국 칭호를 계속 유지했다. 한편 프랑스와 잉글랜드의 왕들도 왕권신수설을 내세웠으며, 선병(scrofula) 같은 피부병을 왕의 손길로 고칠 수 있다는 등 신성한 능력이 있다고 간주되었다. 서유럽에서 정치 양식으로서의 혁명이 다시 등장한 것은 르네상스 시대 이탈리아에서 새로운 도시국가가 부상하고 계몽주의 시기에 종교에 대한 회의가 퍼지면서였다.

제 5 장

르네상스와
종교개혁 시대의
혁명

카롤루스의 제국이 붕괴한 뒤에 프랑스 국왕, 독일의 신성
로마 제국 황제, 교황(이탈리아에 세력 기반을 두고 영토를 점점
확장하고 있었다)의 3대 열강이 유럽을 지배했다. 이탈리아 중
부에서 독일 남부와 중부를 거쳐 북서 연안 지역 나라들에 이
르는 선을 따라 이 제국들의 틈새로 교역 도시가 상업 도시로
발전했으며 그중에서 가장 세력이 큰 도시들이 스스로를 자
유도시국가로 선포했다. 최초의 강력한 자유도시국가는 북이
탈리아에서 등장했다. 이 도시들에서는 새로운 상업 집단이
성장하고 이들이 종교와 정치의 문제를 놓고 옛 지주 귀족과
투쟁을 벌이면서 수많은 혁명이 일어났다.

르네상스 시대 이탈리아에서 일어난 혁명들

피렌체 공화국은 1115년에 시민들이 토스카나 변경백(邊境伯)에게 맞서 반란을 일으키면서 건국되었다. 도시가 부유해지면서 두 개의 주요 당파가 발달했다. 기벨린당(Ghibellini)은 지주 귀족을 대변했으며 겔프당(Guelfi)은 부유한 상인과 주요 조합의 지도자로 이루어졌다. 1250년에 겔프당은 기벨린당을 권력에서 몰아내고 귀족들에게 자신의 탑을 무너뜨리도록 했다. 1260년에 인근 도시 시에나에 패배한 뒤에 겔프당의 통치가 막을 내리고 기벨린당이 권좌에 복귀했다. 하지만 기벨린당의 통치도 영원하지 않았다. 기벨린당의 학정으로 민중 봉기가 일어나자 교황이 개입하여 겔프당을 복귀시켰다.

1378년에 촘피(ciompi)라는 모직물 노동자들의 주도하에 하층 노동자 계급이 봉기를 일으켜 겔프당을 무너뜨렸다. 노동자들은 감옥과 국가 건물을 습격하고 인민 정부를 선포했다. 촘피의 피렌체 통치는—이 시기에 가장 민주적인 체제였을 것이다—3년 가까이 지속되다 살베스트로 데 메디치(Salvestro de' Medici)가 이끄는 당에 밀려 무너졌다.

이 계급 투쟁은 1400년대 초에 가라앉았으며, 교황청 공식 은행을 운영하여 부를 쌓고 르네상스 예술의 훌륭한 후원자로 불멸의 명성을 얻은 메디치 가문이 점차 피렌체를 장악했다. 메디치 가문은 프랑스의 샤를 8세가 이탈리아를 침공한

1494년까지 피렌체 공화국을 통치했다. 역사책에 '불운아 피에로'라고 기록된 피에로 데 메디치(Piero de' Medici)는 굴욕적이게도 샤를 8세의 요구를 모두 받아들였으며, 이 때문에 피렌체에서 가장 열성적인 혁명 지도자 지롤라모 사보나롤라(Girolamo Savonarola)가 그를 타도했다.

사보나롤라는 도미니쿠스 수도회 수사이자 초기의 종교 근본주의자였으며 피렌체가 '하느님의 도성'이 되기를 바랐다. 그는 성직자의 부패와 빈민에 대한 착취를 비판했다. '허영의 소각'을 명령하여 호화로운 가발, 향수, 그림, 심지어 고대의 이교도 문헌까지 공개적으로 불태웠다. 피렌체는 사보나롤라의 맹렬한 설교에 감동하여 4년 동안 교리가 곧 법률인 기독교 코먼웰스(commonwealth)로 통치되었다. 하지만 사보나롤라는 도를 넘었다. 자신에게 예언 능력이 있다고 주장하다가 교황과 갈등을 빚었으며 교황은 그를 파문했다. 혁명이 으레 그렇듯 사람들은 극단주의적 삶에 신물이 났으며 사보나롤라에게 등을 돌렸다. 1498년에 정적들이 권력을 차지하고는 사보나롤라를 이단과 선동 혐의로 재판에 회부했다. 교황이 판결을 승인했으며 위대한 설교자 사보나롤라는 광장에서 교수형과 화형을 당했다.

이후 몇십 년 동안은 메디치 가문이 피렌체에서 권력을 되찾았으며, 1527~1530년에 또다른 민중 반란으로 잠깐 쫓겨

2. 피렌체에서 교수형과 화형을 당하는 지롤라모 사보나롤라(1498년).

나기는 했지만 결국 공화국을 끝장내고 피렌체 공국으로 바꾸었다(훗날 토스카나 대공국이 되었다).

이 시기에 일어난 혁명 중에서 피렌체의 혁명이 가장 잦고 극단적이었지만, 이탈리아 전역에서 엘리트 집단이나 인민 집단과 연계된 당파들이 권력 다툼을 벌였다. 우위가 수시로 바뀌었으며, 승리하는 당파는 교황의 지지를 얻거나 황제의 지지를 얻었다. 사실 '혁명'을 일컫는 현대의 용어는 이 시기에서 비롯했다. 이탈리아인들은 여러 집단이 교대로 권력을 잡는 것을 '레볼루티오(revolutio)'라고 부르기 시작했는데, 순환이나 회전을 일컫는 라틴어 '레볼베레(revolvere)'가 어원이다.

종교개혁 시기의 혁명

성직자의 부패에 혐오를 느낀 수도사는 사보나롤라만이 아니었다. 독일에서는 수사이자 신학 교수 마르틴 루터가 교황의 부패와 세속적 권력에 근본적 의문을 제기했다. 이로 인한 종교개혁이 유럽을 휩쓸었으며 루터파를 비롯한 개혁 집단이 등장하여 정치권력을 놓고 가톨릭 통치자들과 맞섰다. 특히 제네바의 장 칼뱅을 따르는 사람들은 교황의 악에 굴종하기보다는 '신적인' 덕을 갖춘 정부를 세우려 했다. 1560년대에 스페인에 항거한 네덜란드 혁명과 1640년대의 잉글랜드 혁명을 비롯한 여러 혁명에서 칼뱅주의자들은 덕의 이름으로 정치 혁명을 이끌었다.

잉글랜드 혁명은 근대 역사에서 최초로 왕을 재판에 세우고 공식적으로 처형한 혁명이었다. 16세기 후반과 17세기 초에 잉글랜드 인구가 급속히 늘면서 임금이 하락하고 런던이 엄청나게 팽창했다. 이와 동시에 물가가 상승하고 지출이 증가한 탓에 왕은 토지와 작위를 팔아야 했는데, 이로 인해 엘리트 계층이 확대되고 경쟁이 점차 심해졌다. 의회로 대표되는 이 엘리트는 종교와 과세의 문제를 놓고 왕과 충돌했다. 1638년에 찰스 1세는 의회를 해산하고 칙령으로 조세를 확대했으며 아일랜드를 가혹하게, (종종) 자의적으로 통치하고 잉글랜드 칼뱅주의자(청교도)를 탄압했으며 무엇보다 어리석게는 장로교가 국교인 스코틀랜드에 성공회 예배를 강요하려 들었다. 스코틀랜드인들이 이에 항거하여 군사를 일으키자 찰스 1세는 전비를 요청하기 위해 의회를 재소집해야 했다.

1640년부터 1642년까지 의회 지도자들은 전쟁 자금을 허락하는 대가로 더욱더 많은 양보를 요구했다. 하지만 찰스 1세는 자신의 권력이 침해당하는 것에 한사코 저항했다. 권력 투쟁이 격화되던 1642년 여름에 의회는 농촌 민병대의 도움을 얻고 런던 시의 지원을 받아 군사를 일으켰다. 찰스 1세는 이에 맞서 8월에 노팅엄에서 병력을 일으켰으며 충성스러운 왕당파 군대를 모집했다. 이로 인해 내전이 잇따라 벌어졌다.

'늙은 철기병(Old Ironsides)'으로 알려진 용장 올리버 크롬 웰이 의회군을 승리로 이끌었다. 청교도 목사들의 설교에 감화받은 크롬웰과 그의 군대는 고결하고 거룩한 국가를 건설하려 했다. 찰스 1세가 1649년에 재판을 받고 처형되자 크롬웰은 영연방 호민관(호국경)이 되었다. 영연방 치하에서 상원과 군주제가 폐지되었으며 칼뱅파 교회가 설립되었다. 1649년에 의회는 이렇게 선언했다. "인민은 하느님 아래에서 모든 정당한 힘의 근원이며, 인민이 선출하고 인민을 대표하는 잉글랜드 평민회(Commons of England)는 이 나라에서 최고권을 행사한다."

하지만 크롬웰도 의회와 협력하지 못했다. 자신의 치하에서 첫 의회가 열린 지 다섯 달 뒤에, 크롬웰은 의회를 해산하고 잉글랜드를 (자신이 선발한 지휘관이 통치하는) 군관구(軍管區)로 재편했다. 크롬웰이 죽자 사람들은 정상으로 돌아가기를 원했으며 1660년에 찰스 1세의 아들이 환호성 속에 귀국하여 찰스 2세로 왕좌에 올랐다. (반드시 정상은 아니었을지도 모른다. 원한을 품은 왕당파가 크롬웰의 시신을 웨스트민스터 사원 무덤에서 파헤쳐 사슬에 매달아 참수했으니 말이다.)

잉글랜드 혁명과 그 여파는 언론 자유를 옹호한 존 밀턴의 『아레오파지티카Areopagitica』(1644), 시민 폭력의 회피 필요성과 이성을 바탕으로 절대 주권을 논증했으며 사회계약설의 관점에서 정치학을 연구한 최초의 저작 중 하나인 토머스 홉스의 『리바이어던』(1651), 자연권을 옹호한 존 로크의 『통치론』(1689) 등 영어로 쓴 가장 심오한 정치 이론서들에 영감을 주었다.

로크는 이 시대의 가장 중요한 혁명일 1688~1689년 '명예혁명'에 이바지한 영국 지도자 중 한 명이었다. 영국은 1500년대 중엽에 헨리 8세가 교황과 결별한 뒤로 신교 국가였으며, 성공회를 국교로 삼고 가톨릭 예배를 불법화했다. 하지만 왕실을 비롯한 많은 영국인은 로마 가톨릭 신앙을 고수했다. 1685년에 찰스 2세가 후사 없이 죽자 가톨릭교도인 동생이 제임스 2세로 즉위했다. 제임스 2세는 영국에서 가톨릭의 영향력을 회복하고자 대학을 개편하고 가톨릭교도를 정부 요직에 앉혔다. 왕권신수설을 내세워, 의회의 모든 법을 마음대로 무시할 권한이 자신에게 있다고 주장했으며 의회를 해산했다. 북아메리카에서 청교도 식민지가 커지는 것을 우려한 제임스 2세는 식민지 칙허장을 철회하고 뉴잉글랜드의 모든 식민지와 뉴욕, 뉴저지를 왕립 주지사 치하의 뉴잉글랜드 자치령으로 통합했다.

1688년에 제임스 2세와 왕비 사이에서 남성 상속자가 태어나자 일군의 신교 지도자들은 가톨릭교도가 왕위를 계승할까

봐 두려워 네덜란드의 신교도 통치자인 오라녜 공 윌리엄이 잉글랜드로 진군하여 제임스 2세를 폐위시키면 그를 지지하겠다고 제안했다. 윌리엄의 아내는 제임스 2세의 딸 메리였는데, 윌리엄은 거사가 성공하면 두 사람이 잉글랜드를 공동으로 통치할 수 있으리라는 약속을 받아냈다. 그해에 윌리엄은 대규모 병력을 동원하여 잉글랜드 남부를 침공했다. 적군이 진격해 들어오고 자기네 장교들마저 이탈하자 제임스 2세는 프랑스로 달아났다. 의회는 이로써 제임스 2세가 퇴위했다고 판결했으며 윌리엄과 메리는 왕과 여왕으로서 왕좌에 앉았다.

하지만 이 혁명에서 정말로 중요한 것은 1689년에 의회가 통과시킨 관용령(Toleration Act)과 권리장전(Bill of Rights)이다. 권리장전은 의회가 왕위 계승 규칙을 정하도록 규정했으며 의회의 동의 없는 과세 금지, 의회의 동의 없는 왕실 상비군 금지, 신교도에 무기 소지의 권리 부여 등 내정에 대한 국왕의 권한을 제한했다. 또한 권리장전은 의회에서의 표현의 자유, 자유롭고 정기적인 의회 선거를 개최할 의무를 비롯한 의회의 권리를 확립했으며 배심원의 공정한 선정과 과도한 보석금의 금지, 잔인하고 이례적인 처벌의 금지 등 피의자에 대한 권리를 부여했다. 관용령은 종교 자유의 범위를 부쩍 넓혔다. 비록 가톨릭 예배를 허용하지 않았고 성공회 교도만이 공직과 대학교수직에 진출할 수 있었지만, 성공회와 그 밖의 주요

영국 권리장전(1689)의 내용

"그들의 오랜 권리와 특권을 옹호하고 주장하기 위해 다음과 같은 사항들을 선언하는 바이다.

- 의회의 동의 없이 국왕의 권한으로 법률 또는 법률의 집행을 정지하는 권한을 사칭하는 것은 불법임.

- 근래에 사칭되고 행사되어온 바와 같은, 국왕의 권한으로 법률 또는 법률의 집행을 면해주는 권한을 사칭하는 것은 불법임.

- 이전의 교회관계소송 판무관법정을 설치하기 위한 위임장, 그리고 이와 유사한 성격의 다른 모든 위임장 및 법정은 불법이며 해로운 것임.

- 대권을 내세워 의회의 승인 없이, 〔의회가〕 승인하거나 승인해야 하는 것보다 더 오랜 기간 동안 또는 〔의회가 승인하거나 승인해야 하는 것과〕 다른 방법으로, 국왕을 위하고 국왕의 용도에 쓰일 돈을 부과하는 것은 불법임.

- 국왕에게 청원하는 것은 신민의 권리이며, 이 같은 청원에 대한 모든 구속과 기소는 불법임.

- 의회의 동의를 얻지 않고, 평화시에 왕국 내에 상비군을 소집하거나 유지하는 것은 법에 어긋남.

- 개신교도인 신민들은 그들이 처해 있는 상황에 적합하고 법이 허용하는 데 따라 자기방어를 위한 무기를 가질 수 있음.

- 의회 의원의 선거는 자유로워야 함.

- 의회 안에서의 발언의 자유와 토론 또는 진행 절차는 의회 밖의 어떤 법정이나 장소에서도 비난하거나 문제삼아서는 안 됨.

- 지나친 보석금이 요구되어서는 안 되고, 지나친 벌금이 부과되어서는 안 되며, 가혹하고 이상한 형벌이 가해져서는 안 됨.

- 배심원은 정당한 방법으로 배심원 명단에 올려져야 하고, 또 〔그 안에서 정당한 방법으로〕 선발되어야 하며, 대역죄로 재판을 받고 있는 사람에 대해서 심판하는 배심원은 자유 토지 보유자라야 함.

- 유죄 선고 이전에 특정인에게 〔과해질〕 벌금과 재산 몰수에 관한 모든 인가와 약속의 부여는 불법이며 무효임.

- 그리고 모든 불만 사항을 시정하고 법률을 수정, 강화, 보전하기 위해 의회는 자주 열려야 함.

또한 그들〔성속의 귀족과 평민〕은 앞에서 말한 모든 사항들 그리고 그 하나하나가 의문의 여지 없는 그들의 권리이자 특권이〔라고〕 (…) 선언하고 요구하고 주장하는 바이다."

신교 집단 사이의 반목은 종결되었다. 관용령 덕분에, 삼위일체설을 받아들이는 신교 종파는 모두 자유롭게 예배할 권리를 얻었다. 그리하여 침례파, 장로파, 퀘이커파, 독립파 등이 영국의 경제와 사회에서 두드러진 역할을 할 수 있게 되었다.

　이 법령의 중요성은 아무리 강조해도 지나치지 않다. 아우구스투스 이래 처음으로 왕의 신적 권리가 명시적으로 부정되었고 의회에서 통과시킨 법률이 왕의 의지보다 분명히 우위에 놓였으며 의회가 자신의 권리를 왕에게 부여한다는 것이 선언되었다. 프랑스의 루이 16세, 브란덴부르크·프로이센의 프리드리히 빌헬름 1세, 스페인의 펠리페 4세 같은 군주들이 자국 의회의 권한을 축소하고 절대주의 통치를 추구하면서 유럽 내에서 왕의 권력이 점차 커진 수세기 뒤에도 영국 의회의 권리는 확고히 유지되었다. 1648년 베스트팔렌 조약에 따라 유럽 대다수 나라에서는 군주가 국교를 선택하고 신민에게 강제할 수 있는 권리가 확립되고 점차 강화되었으나, 이와 대조적으로 관용령은 국교인 성공회에 반대하는 종교 집단에도 예배의 자유를 보장했다. 잉글랜드 혁명의 지도자들은 자신들이 단순히 왕과 의회 사이의 역사적 권력 균형을 복원할 뿐이라고 주장했지만, 이들의 행위는 다음 세기에 미국과 프랑스에서 벌어질 혁명에서 핵심이 될 여러 사상을 구현한 것이었다.

입헌 혁명: 미국, 프랑스, 유럽 (1830년, 1848년), 메이지 일본

고대로부터 17세기에 이르기까지 혁명가들은 자신이 정의를 위해 싸우고 새 체제를 만들어낸다고 여겼으나 여전히 전통적 관점에 머물러 있었다. 말하자면 왕을 폐위하거나 종교를 차별하는 정부와 싸우거나 심지어 자유 공화국을 건설하고 왕이나 제후의 권위를 거부할 수도 있었다. 하지만 군주제 자체나 종교 자체를 부당한 제도로 간주하여 투쟁한 적은 한 번도 없다. 이들은 언제나 국가에서 후원하는 종교 형태와, 질서를 유지하는 전통적 권위의 형태에 의존했다.

아테네, 스파르타, 로마, 그 밖의 공화국에서 도시국가와 체제를 건설한 고대의 가장 급진적인 혁명들은 자국의 관습과 종교를 토대로 삼았다. 잉글랜드 청교도 혁명의 지도자 올리버 크롬웰은 왕이 처형되고 코먼웰스가 건설되는 것을 보았음에도 1654년에 "수백 년 동안 잉글랜드의 겉모습이던 신분과 질서"를 옹호하며 "귀족, 신사, 향사(yeoman)의 구분은 국가에 이로우며 훌륭한 체계다!"라고 말했다. 1688년의 혁명가들은 지금의 입헌군주제(선출직 의회의 법률에 군주가 구속되는 체제)를 창조했으나 헌법을 제정하려는 생각도 계획도 없었다. 오히려 이들은 자신들이 잉글랜드에서 국왕과 의회 사이의 전통적 균형을 회복하여 공동 통치하는 것일 뿐이라고 생각했으며, 자신들의 혁명이 과거의 훌륭한 질서를 재확립했다는 뜻에서 '명예혁명'이라는 이름을 붙였다.

혁명이 과거와의 근본적 단절이고 혁명가들이 의지의 힘으로 전혀 새로운 것을 만들고 (관습도 종교도 아닌) 이성의 원리로 정부를 구성할 수 있다는 관념은 명백히 근대적인 것이었다.

17세기와 18세기를 거치면서 사람들이 과학적 발견 덕에 종교적 권위의 진실성에 의심을 품고 이성과 현실 경험을 더 신뢰함에 따라 통치 체제에 대한 관념도 달라졌으며, 여기에는 혁명적 함의가 있었다. 사람들은 통치자가 신에게서 통치권을 받았다는 주장을 의심하기 시작했으며 군주제를 한낱 낡은 관습으로 치부하고 근대적 인간은 군주제에 구속될 필요가 없다고 생각하기 시작했다. 또한 교회를, 사람들이 절대적으로 복종해야 하는 신성한 제도가 아니라 신에게 예배하는 나름의 방식을 선택하기 위해 만들어낸 제도라고 여기기 시작했다. 이렇게 회의주의와 세속주의가 커지면서 혁명의 근대적 전환이 일어났다. 혁명가들은 왕의 권리와 교회의 권리 자체를 공격했으며 이성과 자연권 관념을 토대로 이러한 권위로부터 인간(여성은 아직 이에 해당하지 않았다)을 해방시킬 체제를 도출했다.

미국 독립 혁명

북아메리카의 영국 식민지는 영국 사회로부터의 자유를 추구하던 기업과 종교 집단이 1600년대 초에 발견했다. 뉴잉글랜드의 청교도, 펜실베이니아의 퀘이커파, 메릴랜드의 가톨릭, 버지니아의 농장 식민지 등이 이에 해당한다. 하지만 모든 식민지는 영국 왕에게 칙허장을 받았으며, 의원을 직접 선출했음에도 여전히 국왕의 신민으로서 영국 총독의 통치를 받았다. 식민지는 담배, 밀, 무명실, 목재, 모피를 수출하여 급속히 성장하고 번영했다. 이들이 서부로 나아가 애팔래치아 산맥에 진입할 때 영국 정부의 군대는 프렌치·인디언 전쟁(1754~1763)에서 프랑스와 북아메리카 원주민의 동맹을 물리치는 데 핵심적인 역할을 했다. 이 덕분에 식민지는 미시시피 강 서쪽의 모든 땅을 차지할 수 있었다.

전쟁은 비용이 많이 들었으며 영국 정부는 식민지의 교역과 소비에 새로운 세금을 부과함으로써 식민지 주민에게 비용을 물리기로 결정했다. 식민지 주민이 새로운 세금의 납부를 거부하자—보스턴 항에서 영국의 차 상자를 바다에 빠뜨렸던 시위도 그중 하나였다—독립파와 왕당파가 뚜렷이 나뉘었다. 왕당파가 영국의 통치를 지지한 반면에, 버지니아의 농장주에서 뉴욕과 보스턴의 은행가와 법률가에 이르는 많은 식민지 엘리트와 민중 집단은 아무런 발언권이나 동의 없이 영국의 전쟁에 대한 비용을 강제로 지불해야 하는 것에 격분했다.

아메리카 식민지 주민은 영국인이 1688~1689년 혁명에서 얻은 권리, 즉 모든 조세는 자신들이 선출한 의회의 동의를 얻어야 하고 의회가 국왕과 공동으로 통치할 권리가 자신들에게도 있다고 믿었다. 1770년대가 되자 많은 사람들은 자신들이 멀리 떨어진 왕에게 독재를 당하고 있으며 기본적 자유를 빼앗겼다고 생각했다. 아메리카의 웅변가들은 권리와 자유에 대해 감동적인 연설을 했다. 그중에서 가장 유명한 것은 패트릭 헨리의 대담한 요청일 것이다. 그는 버지니아 주민들에게 혁명의 대의에 동참하라며 이렇게 말했다. "목숨이 아무리 소중하고 평화가 아무리 달콤하다 한들 그 대가로 사슬을 차고 노예가 될 만큼이겠는가? (…) 내게 자유 아니면 죽음을 달라!"

　1776년 1월에 출간된 토머스 페인의 소책자 『상식Common Sense』은 영국 같은 섬나라가 아메리카 같은 대륙에 대해 통치권을 주장하는 것은 어불성설이며, 모든 사람은 평등하게 창조되었고 (아메리카의 복지에 아무런 관심이 없는) 먼 나라의 왕에게 충성을 바칠 이유가 전혀 없고, 아메리카가 대륙 회의를 열어 독립 헌장을 작성해야 한다고 주장했다. 7월에 아메리카 지도자들은 토머스 제퍼슨이 기초한 「독립 선언서Declaration of Independence」를 발표했다. 「독립 선언서」는 국왕 조지 3세가 아메리카의 "자명한 진리[인] 생명, 자유, 행복의 추구[의 권리]"를 침해한 부당한 왕이며 정부의 목적은 이 권리를 보장하여 "정부의 정당한 권력은 통치를 받는 사람들의 동의에서 유래함"을 명시했다.

　국왕의 권력이 신에게서 온 것이 아니며 모든 정부의 권력은 피통치자의 동의에서 비롯한다는 놀라운 주장은 국왕의 통치권을 강요하려는 영국과의 8년 전쟁으로 이어졌다. 식민지의 장군 조지 워싱턴은 생존이 급선무인 여러 해 동안 만신창이인 식민지 군대를 훌륭히 조직하고 지휘했다. 결국 프랑스는 영국에 저항하는 식민지를 지원하면 프렌치·인디언 전쟁에서의 패배를 설욕할 수 있겠다고 판단하고는 처음에는 재정 지원을, 다음으로는 군사 개입을 제공했다.

1781년 후반에 아메리카 군대와 프랑스 군대는 프랑스 함대의 지원을 받아 버지니아 요크타운에서 영국 군대를 포위했다. 영국의 장군 콘월리스는 완전히 포위되고 증원군으로부터 차단되자 항복했다. 워싱턴과 동맹군은 영국군 7000명을 사로잡았다. 영국에는 결정적 손실이었다. 6개월 뒤에 영국 의회는 전쟁 중단을 결의했으며 아메리카 식민지는 독립을 쟁취했다.

13개 식민지는 1770년대 후반에 새로운 주 헌법을 채택하기 시작했다. 이 헌법은 당시까지의 헌법 중에서 가장 민주적인 것이었다. 신분과 호칭의 구분을 모조리 불법화함으로써 유럽의 전통과 완전히 결별했다. 많은 헌법에서는 국가의 권위로부터 시민을 보호하는 권리장전을 채택했으며 폭넓은 남성 시민에게 투표권을 부여했다(심지어 뉴저지는 잠시나마 여성에게도 투표권을 부여했으나, 1807년에 철회했다). 주(州)들 사이의 관계는 1781년에 제정된 연합 규약(Articles of Confederation)에서 규정했다.

하지만 연합 규약은 금세 부적절한 것으로 드러났다. 교역을 규제하거나 각 주의 공통 화폐를 제정하는 규칙이 전혀 없었으며 중앙 정부는 주의 채무를 지원하거나 국방을 관리하기에는 너무 허약했다. 그래서 1787년에 필라델피아에서 전국 회의를 열어 새 연방 헌법을 초안했다.

왕당파가 대부분 캐나다로 달아난 탓에 새 정부는 내부의 반혁명 위협을 걱정할 필요가 없었으며, 영국군이 철수한 뒤로는 외국의 침공으로부터도 안전했다. 이렇게 좋은 조건하에서는 중앙 정부의 권한을 확대하는 것이 논란거리였다. 논쟁은 지지부진했으며 노예제 유지를 비롯하여 많은 타협이 이루어졌다. 하지만 『연방주의자 논집Federalist Papers』으로 알려진 정치 논쟁의 걸작에서 제임스 매디슨, 존 제이, 알렉산더 해밀턴은 새 헌법을 옹호했다. 이들은 논집에 '푸블리우스(Publius)'라고 서명하여 외국 왕들에게 저항한 로마 혁명을 상기시키면서, 아메리카는 자격 있는 시민의 투표를 통해 직간접적으로 선출되는 상원, 하원, 대통령으로 이루어진 대의제 공화국이 되어야 한다고 설득력 있게 주장했다. 새 헌법은 1788년에 통과되었으며 그해에 조지 워싱턴이 아메리카 합중국 초대 대통령으로 선출되었다.

프랑스 혁명

미국 독립 혁명은 유럽인들에게 급진적일 뿐 아니라 먼 나라 일로 여겨졌다. 하지만 유럽에서도 가장 큰 나라에서 혁명이 곧 발발할 터였다. 프랑스는 미국 독립 전쟁에서 승리했으나 전쟁 채무가 누적되고 전시 과세 조치의 종료가 임박하여

3. 미국 헌법에 서명하는 장면(1787년).

재정 위기를 맞았다. 프랑스 법원과 명사(名士) 의원이 새로운 조세 제안을 거부하자 왕은 해법을 찾기 위해 성직자, 귀족, 평민 세 계급의 대표가 참석하는 회의(삼부회)를 소집할 수밖에 없었다.

삼부회가 열린 1789년 5월은 프랑스 전역에서 기근으로 인한 폭동이 일어난 지 1년 뒤였기에 대대적인 정치적·경제적 개혁에 대한 기대감이 드높았다. 그러나 삼부회는 금세 아수라장이 되었다. 성직자와 귀족은 삼부회의 의사 결정을 표결로 하자고 주장했다. 제2계급으로 알려진 평민보다 자기네 표가 항상 많았기 때문이다. 하지만 제3계급의 주요 구성원인 전문가와 관료는 귀족 지위를 추구했거나 심지어 획득하는 과정에 있었다. 18세기는 사회적 이동성이 꽤 큰 시기였기 때문이다. 그래서 그들은 하찮은 존재로 치부되는 것에 격분했다. 특권층인 주교에게 평민으로 취급당한 수도원장과 사제도 이들과 마찬가지로 분노했다. 아베 시에예스(Abbé Sieyès)는 이렇게 썼다. "제3신분이란 무엇인가? 모든 것. 정치적으로 제3신분은 현재까지 무엇이었는가? 무(無)."

몇 주간 교착 상태가 이어진 뒤에 제3계급 대표들은 자신이 나라 전체를 대변한다고 선언했다. 이들은 스스로를 국민의회로 재결성하고 나머지 계급에서도 개혁가들이 합류하자 프랑스를 개조하는 일에 착수했다. 이들은 인간과 시민의 권리에 대한 선언(프랑스 인권 선언)을 제정했으며, 1789년부터 1793년까지 국민의회와 그 뒤를 이은 입법의회(Assemblée nationale législative) 및 국민공회(Convention nationale)는 군주제와 봉건적 특권을 일소하고 왕과 왕비를 처형했으며 가톨릭교회를 국유화하고 교회 소유의 토지를 매각했다. 이들은 미국을 본받아 프랑스를 공화국으로 선언했으며 '자유, 평등, 박애(Liberté, Égalité, Fraternité)'의 구호를 내세웠다. 프랑스의 혁명가들은 왕을 몰아낸 초기 로마인들의 위업을 자신들이 재현한다고 생각하여 프랑스 지도자들을 토가〔고대 로마의 겉옷—옮긴이〕 입은 모습으로 묘사했으며 자기네 군사 지휘관을 옛 로마식으로 '콘술'(집정관)이라고 불렀다.

입법의회와 국민공회의 활동에 박차를 가한 것은 파리와 프로뱅스〔프랑스의 행정 구역—옮긴이〕의 민중 봉기였다. 1789년에 왕이 새 국민의회를 해산할까봐 우려한 파리 시민은 스스로 무장하고 왕실 요새인 바스티유 감옥을 습격했다. 병사들이 정부를 배신하여 대포를 발사하지 않은 덕에 군중은 7월 14일에 바스티유 감옥을 점령했다.

외국 열강은 놀라서 새 공화국을 공격했다. 프랑스 안에서는 프로뱅스 몇 곳이 교회의 국유화와 혁명 정부의 새로운 요구에 저항하면서 내전이 벌어졌다. 이런 긴장 상황 속에서 급진파는 공안위원회(Comité de salut public)를 결성했다. 막시

4. 7월 14일 바스티유 감옥 습격(1789년).

밀리앙 로베스피에르는 공안위원회의 동료들과 함께 공포정치를 이끌었으며 파리와 프로뱅스에서 혁명의 적으로 고발된 수천 명을 처형했다. 로베스피에르는 심지어 동료 혁명가 여럿을 단두대로 보냈으며 결국 자신도 기요틴 여사(Madame Guillotine)를 만나고 말았다. 급진파는 권좌에서 밀려났으며 더 온건하고 실용주의적인 정부가 들어섰다.

그뒤로 프랑스 군대가 유럽 전역으로 퍼져 곳곳에서 공화주의 혁명을 선동했다. 1801년 이후에 프랑스 혁명은 엄청난 인기를 누리며 승승장구하는 나폴레옹 보나파르트 장군의 손아귀에 들어갔다. 나폴레옹은 스스로 집정관(통령)에서 황제로 등극했으며 고대 로마인들처럼 자신의 정복을 기념하여 개선문(에투알 개선문)을 세우도록 했다. 로마의 트라야누스 기념주를 본떠 만든 파리의 방돔 기념주에는 토가를 입고 월계관을 쓴 나폴레옹 동상이 서 있다.

나폴레옹의 연승 행진은 모스크바 외곽에서 막을 내렸다. 러시아의 겨울과 러시아 군대의 완강한 저항에 밀려 퇴각한 것이다. 나폴레옹은 1814년에 유럽 연합군에 패배한 뒤에 유배되었으며, 부르봉 왕조가 복귀했다.

이즈음에는 정부가 왕이 아니라 시민에게 속한다는 생각이 널리 퍼져 있었다. 귀족에 대한 민중의 공격, 혁명적 테러, 새로운 입헌적 질서의 창조, 나폴레옹 주도의 군사적 성공과 팽

창 등을 통해 프랑스 혁명은 금세 이후 세대의 혁명에 본보기
가 되었다.

심지어 아이티에 있는 프랑스의 설탕 식민지 생도맹그에서
도 노예와 전직 노예가 '모든 사람은 평등하며 시민이다'라는
선언을 좇아 농장주와 프랑스로부터의 자유를 요구하며 봉
기했다. 노예 출신으로 부유한 농장주가 된 투생 루베르튀르
(Toussaint Louverture)의 주도하에 여러 해 투쟁한 끝에 아이티
는 자유를 쟁취했다.

1830년, 1848년에 일어난 유럽의 혁명들

1830년에 프랑스에서 다시 혁명이 일어났다. 벨기에와 스
위스도 혁명을 겪었다. 프랑스와 벨기에에서는 혁명가들이 통
치자를 교체했고 영국은 입헌군주제를 채택하는 데 성공했다.
벨기에는 지금까지 군주제가 존속하고 있지만 프랑스에서는
18년밖에 지속되지 않았다. 1848년에 입헌 혁명이라는 더 큰
물결이 유럽을 휩쓸었다. 프랑스에는 공화국이, 덴마크에는
입헌군주제가 들어섰고 스위스에서는 새로운 연방 헌법이 제
정되었으며 프로이센, 독일의 남부와 서부 주, 오스트리아, 시
칠리아, 롬바르디아, 헝가리, 루마니아에서는 절대 군주가 잠
시나마 권좌에서 밀려났다.

이 입헌 혁명을 주도한 것은 프랑스 혁명과 미국 독립 혁명의 이상을 추구하는 전문직 종사자와 학생이었으며 혁명을 추동한 것은 농민 반란과 도시 봉기였다. 도시 봉기는 1847~1848년에 인구가 계속 증가하고 식량 가격이 급등하면서 일어났다. 하지만 엘리트 입헌 지도자들은 결코 민중 집단과 공동의 대의를 추구하지 않았다. 여전히 군주제에 충성하는 귀족과 군부 엘리트를 물리치기 위해 계급을 뛰어넘은 폭넓은 연합을 형성하는 일은 전혀 없었다. 1849년에 러시아 군대가 오스트리아 제국과 프로이센의 군대를 동원하여 반혁명 행위를 지원하면서, 프랑스와 덴마크 바깥에서는 혁명의 성과가 대부분 역전되었다. 이 반혁명 공세가 성공을 거둔 탓에 대다수 역사가들은 1848년의 사건들을 실패한 (또는 유산된) 혁명으로 규정한다. 심지어 프랑스에서도 공화국의 수명은 길지 않았다. 나폴레옹의 조카 루이 보나파르트(Louis Bonaparte)는 자신의 유명한 이름을 팔아 1848년 프랑스 초대 대통령에 당선되었다. 몇 해 뒤에는 더 유명한 큰아버지처럼 공화국에 대항하여 쿠데타를 일으켰으며 스스로 나폴레옹 3세라 칭했다.

1849년부터 1871년까지 유럽에서는 보수주의가 득세했으며 군주제를 향해 시계가 거꾸로 돌아가는 듯했다. 하지만 그렇게 되지는 않았다. 1871년에 프로이센이 프랑스-프로이센

전쟁에서 나폴레옹 3세를 격퇴한 뒤에 파리 주민들은 이 도시를 황제에게서 해방된 혁명 코뮌으로 선언했다. 혁명가들은 결국 프랑스 군대에 진압되었지만 군부는 제국을 복원하려는 시도를 전혀 하지 않았으며 오히려 '프랑스 제3공화국(Troisième République française)'을 선언했다. 그뒤로 프랑스는 줄곧 공화국으로 남아 있다.

민주주의와 입헌 정부라는 관념은 계속 퍼져나갔다. 이탈리아의 국가들은 1861년에 입헌군주제로 통일되었으며 심지어 프로이센의 비스마르크 총리도 독일 국민에게 입헌적 권리를 부여하기 시작했다. 1918년에 독일이 제1차세계대전에서 패망하자 노동자들이 혁명을 일으켜 최후의 독일 군주를 끌어내리고 바이마르공화국을 세웠다. 제1차세계대전이 끝났을 때 유럽의 모든 나라가 절대 군주제를 폐기했으며, 러시아를 제외하고 전부 입헌적 의회 체제를 채택했다.

메이지 일본

입헌 정부는 유럽 바깥에서도 널리 추진되었다. 입헌 정부를 유럽 열강의 군사적·기술적·경제적 성공과 동일시한 전세계 개혁가들은 자신의 제국과 군주제를 입헌 체제로 바꾸고 싶어했다.

일본은 17세기 초 이후로 도쿠가와 쇼군이 통치했다. 쇼군은 수도 에도(지금의 도쿄)에 기반을 둔 군사 지도자로, 봉건 영주(다이묘)와 특권적 전사 계급(사무라이)을 거느렸다. 다이묘와 사무라이는 일반 농민과 장인을 다스렸다. 하지만 19세기에 쇼군이 오사카 미곡 상인들에게 빚을 많이 져서 재정적으로 어려워졌으며 다이묘 몇 명이 서구의 사상과 기술을 들여와 군사와 행정을 근대화하기 시작했다. 1852년에 미 해군 제독 매슈 페리가 근대적 증기선 전함을 이끌고 도쿄 만에 나타나 군사력을 과시했다. 페리는 모든 저항을 물리치고 쇼군에게 굴욕적 조약을 강요했다.

쇼군 체제가 시대에 뒤떨어졌고 일본을 지킬 수 없다고 판단한 남부 두 번(藩)의 근대화 지도자들은 쇼군을 타도하기 위해 혁명전쟁을 일으켰다. 이들은 이른바 메이지 유신(明治維新)의 지도자로, 일본 황제(실제로는 쇼군 아래에 있는 상징적 존재였다)에 대한 충성을 선언하며 자신들은 황제의 최고권을 복원하는 것일 뿐이라고 주장했다. 이들은 1868년에 쇼군을 격파하고 권력을 쟁취하여 600여 년의 쇼군 통치를 끝장낸 뒤에 일본의 사회와 정치를 혁신했다. 메이지 지도자들은 사무라이의 신분과 특권을 폐지하고 제국의회를 창설했으며 마침내 새 헌법을 제정했다.

메이지 정권은 서구의 교육 제도, 군사 조직, 기술을 재빨리

토머스 페인이 말하는 왕의 쓸모없음

영국에서 왕은 그저 전쟁이나 벌이고 매관매직이나 일삼을 따름
이다. 그 점이 나라를 빈곤하게 하고 불화를 일으킨다. 1년에 80
만 파운드의 돈을 쓰고 국민의 숭배까지 받는 사람이 할 짓이란
말인가! 신이 판단하건대 왕관을 쓴 모든 악한들보다는 차라리
정직한 한 사람이 사회에 더 필요하다.

— 『상식』(1776)

토머스 제퍼슨이 말하는 자연권

우리는 다음과 같은 것을 자명한 진리라고 생각한다. 즉, 모든 사
람은 평등하게 태어났으며, 조물주에게서 몇몇 양도할 수 없는
권리를 부여받았는데, 그런 권리 중에는 생명, 자유, 행복의 추구
가 있다. 이런 권리를 확보하기 위해 사람들 사이에 정부가 조직
되었으며, 이런 정부의 정당한 권력은 통치를 받는 사람들의 동
의에서 유래한다. 어떤 정부 형태건 그것이 이런 목적을 해치게
될 때는 언제든지 이를 바꾸거나 폐지하여, 그들의 안전과 행복
을 가져올 가능성이 가장 클 것 같은 그런 원칙들을 기반으로 삼
고 그런 형태로 권력을 조직하는 새로운 정부를 수립하는 것은
인민의 권리다.

— 『독립 선언서』(1776)

일본 황제 치하의 입헌군주제를 구축한
1889년 메이지 헌법에서 말하는 일본 신민의 권리

제23조. 일본 신민은 법률에 따르지 않고 체포나 감금, 심문 및 처벌을 받지 아니한다.

제24조. 일본 신민은 법률이 정하는 재판관의 재판을 받을 권리를 박탈당하지 아니한다.

제25조. 일본 신민은 법률이 정하는 경우를 제외하고 그 허락 없이 주소의 침입을 받거나 또는 수색을 받지 아니한다.

제26조. 일본 신민은 법률이 정하는 경우를 제외하고 서신의 비밀을 침해당하지 아니한다.

제27조. ① 일본 신민은 그 소유권을 침해당하지 아니한다.
② 공익을 위하여 필요한 처분은 법률이 정하는 바에 따른다.

제28조. 일본 신민은 안녕과 질서를 방해하지 아니하고 신민으로서의 의무에 위배되지 않는 한에서 종교의 자유를 가진다.

제29조. 일본 신민은 법률의 범위 안에서 언론과 저작, 출간 및 집회와 결사의 자유를 가진다.

받아들였으나 일본 고유의 민족 문화와 통일성을 간직한 채 급속한 근대화를 추진했으며 근대화된 육군과 해군을 발전시켰다. 1905년에 일본은 한때 두려움의 대상이던 러시아 군대를 격파하여, 러시아 정부의 정당성에 흠집을 내고 곧 이어질 러시아 혁명에 한몫했다.

메이지 정권은 중국의 입헌적 변화에도 직접적 영향을 끼쳤다. 1911년 신해혁명의 지도자 중 상당수가 일본 유학생 출신이었기 때문이다. 혁명 지도자 쑨원(孫文)은 도쿄에서 공화주의 야당〔중화혁명당―옮긴이〕을 조직했다.

입헌 혁명들은 성공하기도 하고 실패하기도 했지만, 혁명의 새로운 본보기가 되었다. 그리하여 '혁명'은 단순히 독재자를 타도하는 것이 아니라 전통적 체제를 파괴하고 이를 보편적 권리와 피통치자의 동의에 기반한 새로운 입헌 정부로 대체하는 것을 뜻하게 되었다. 미국과 프랑스에서 비롯한 이 혁명 모형은 전 세계에 널리 퍼져 오늘날 혁명의 지배적 이상(理想)이 되었다.

하지만 20세기 대부분의 기간 동안 이 이상은 또다른 모형인 공산주의 혁명으로 대체되었다.

제 7 장

공산혁명 :
러시아,
중국,
쿠바

독일의 철학자이자 언론인 카를 마르크스는 기업인인 친구 프리드리히 엥겔스와 함께 19세기 초 영국에서 산업 노동자들이 비참한 처지에 놓여 있음을 폭로했다. 이들은 아동 노동, 하루 12시간이나 심지어 16시간에 이르는 장시간 노동, 새로운 기계의 도입으로 인한 반복 작업 등이 비인간적 처사라고 생각했다. 18세기와 19세기 초의 혁명이 왕을 끌어내리고 헌법을 제정하기는 했지만 은행가, 상인, 제조업자의 새로운 자본가 계급이 혁명의 과실을 독차지했다는 것이 이들의 결론이었다. 마르크스는 역사가 일련의 계급 혁명을 통해 발전한다는 역사 이론을 발전시켰다. 처음에는 자본가들이 절대 군주와 세습 귀족을 몰아내지만, 그뒤에 노동자들이 봉기하여 자본가를 몰아내리라는 것이었다. 마르크스는 자본가와 자유주의적 입헌국에 저항하는 노동자 혁명이 전 세계에서 일어날 것이라고 예언했다. 그러면 자유주의적 입헌국은 모든 소유가 소수 자본가 엘리트의 이익을 위해 다수 노동자를 착취하는 데 쓰이지 않고 사회 전체에 속하는 공산 국가로 대체될 터였다.

마르크스의 예언은 일부만 들어맞았다. 유럽과 북아메리카에서는 노동자들이 단결했으나 혁명을 추구하지는 않았다. 오히려 조합을 결성하고 노동자 정당을 지지함으로써 임금을 인상하고 노동 시간을 제한하고 사회적 혜택을 점차 증가시켰다. 한편 산업화가 갓 시작된 농업국 러시아와 중국에서는 지식인들이 농업 사회에서 공산 국가로 곧장 대도약하려는 꿈을 꾸었다. 그리하여 마르크스의 공산혁명 물결이 일어난 곳은 유럽 바깥의, 아직도 농업이 주산업인 나라들이었다.

러시아 혁명

19세기에 러시아는 유럽에서 가장 넓지만 가장 뒤떨어진 나라였다. 농민은 1861년까지 농노였으며, 자유의 몸이 된 뒤에도 지주에게 과중한 보상을 치러야 했다. 산업 중심지는 몇 곳 되지 않았으며, 주로 우랄 산맥에서 철과 구리를 생산하는 지역과 상트페테르부르크와 모스크바의 공장 지대에 모여 있었다. 차르는 귀족 관료와 군부를 통해 절대 권력을 휘둘렀다.

1905년에 러시아가 일본에 패전하자 농촌에서 농민 반란이 일어나고 대규모 파업이 모스크바와 상트페테르부르크로 확산되었으며 여러 항구에서 수병들이 폭동을 일으켰다. 군이 소요를 진압했지만, 겁을 집어먹은 정권은 정치적·경제적 개혁 노력을 가속화했다. 선출직 자문 의회(두마Duma)가 구성되었으며 토지 개혁이 시작되었다. 하지만 급진적 사상가들은 더 큰 변화를 원했다. 블라디미르 레닌은 전위 공산당 개념을 발전시켰다. 자신들이 노동자를 이끌고 농민을 동참시켜 차르와 귀족을 몰아내고 공산 사회를 건설한다는 것이었다.

개혁은 제1차세계대전이 발발하면서 중단되었다. 이 결정적 시기에, 나약한 정신의 차르 니콜라이 2세와 황후 알렉산드라는 러시아의 미치광이 신비주의자이자 치료사 그리고리 라스푸틴에게 홀려 있었으며 귀족들조차 이에 불만을 품었다. 라스푸틴은 결국 살해당했지만—독약을 먹이고 총으로 쏘고 물에 빠뜨린 뒤에야 겨우 죽일 수 있었다—그의 영향력은 궁정에 대한 민중과 엘리트의 존경심에 흠집을 냈다.

독일은 1914~1916년에 러시아군을 대파하여 막대한 손실을 입혔다. 이에 러시아 엘리트들은 전쟁에 반대하기 위해 정부 정책과 민중에 대해 더 큰 통제권을 행사하고자 했다. 1917

년 2월 23일 세계 여성의 날에 수도에서 여성 수천 명이 빵부족 사태에 항의하며 시위를 벌였다. 그다음 주에는 노동자와 학생 수십만 명이 항의에 동참했다. 군인이 군중에게 발포하자 다른 부대들이 이탈하여 시위대에 합류하고는 경찰서와 차르의 관료들을 공격했다. 두마는 차르가 물러나야만 질서가 회복될 것이라고 법원을 설득했으며 임시 정부를 설립했다. 3월 3일에 차르가 물러나면서 로마노프 왕조가 막을 내렸다.

하지만 임시 정부가 전쟁을 계속하려 들자 모스크바와 상트페테르부르크의 산업 노동자와 전국의 농민이 격분했다. 노동자들은 스스로 평의회(소비에트)를 조직했으며 공산주의자들에게 포섭되었다. 한편 병사와 수병이 이탈하기 시작했다. 몇 달 뒤인 1917년 10월에 레닌의 전위 공산당 볼셰비키는 지지자들을 조직하여 한밤중에 수도의 우체국, 철도, 정부 청사를 몰래 장악함으로써 무혈 쿠데타에 성공했다. 10월 25일에 러시아는 새 공산주의 정부 치하에서 아침을 맞았다.

그러나 나라 전체를 다스리는 것은 간단한 일이 아니었다. 차르의 장군들은 반혁명, 반공산주의 백군(白軍)을 조직하여 '빨갱이'로부터 나라를 되찾으려 했다. 레닌의 공산주의자들은 천재 조직가 레온 트로츠키와 더불어 탈영병, 동조 노동자, 모집된 농민으로 적군(赤軍)을 창설했다. 1918년부터 1921년까지 내전이 벌어졌으며 양측은 서로에게 무자비한 공격을

5. 레온 트로츠키를 크렘린 궁 성벽에 앉아 러시아 혁명을 조종하는 적색 위협으로 묘사한 백군 포스터(1919년).

퍼부었다. 차르 일족이 구심점이 되는 것을 막기 위해 그들은 아이들까지 모두 처형했다. 노련한 장교를 전투에 투입하고, 중앙의 지리적 이점과 모스크바를 관통하는 철로를 활용하고, 공산주의자들에 대한 노동자와 농민의 지지에 기대어 적군은 승리를 거두었다.

내전 기간 동안 레닌은 당이 경제를 전적으로 통제하고 모든 자산을 소유하는 '전시 공산주의'를 시행했다. 종전 이후 레닌은 내전의 참상에서 신속히 회복하기 위해 이른바 신경제 정책(네프NEP)을 추진하여 농민과 민간 소기업이 생산물을 시장에서 팔 수 있도록 허용했다. 하지만 1924년에 레닌이 죽자 네프를 계속하고 싶어하는 진영과 모든 경제 부문에 대한 철저한 공산주의적 통제를 복원하고자 하는 진영 사이에 권력 투쟁이 벌어졌다. 이오시프 스탈린이 이끄는 후자가 싸움에서 승리했으며 스탈린은 공산당의 새 지도자가 되었다.

1930년대에 스탈린은 모든 농장을 집단화하는 무지막지한 계획을 단행했으며, 농촌에서 식량을 징발하여 집중적 산업화 계획에 투입했다. 스탈린의 군대가 곡물 창고를 찾아 농촌을 샅샅이 뒤지고 도시 노동자들에게 최우선으로 식량을 지급하면서 농민 수백만 명이 목숨을 잃었다. 자신의 정책에 대해 반발이 일자 스탈린은 숙청과 인민재판을 벌이고 정적을 처형하는 등 공포 정치를 자행했으며, 소련 전역의 수용소를 관리하는 거대한 '굴라크'(교화노동수용소관리국)를 세웠다. 심지어 트로츠키도 달아나야 했다(결국 외국에서 암살당했다).

근대 산업의 기반을 세우려는 스탈린의 노력 덕에 소련은 제2차세계대전에서 나치 독일을 물리쳤으며 전쟁 이후에 세계 초강대국이 되었다. 그러자 소련은 동유럽 전역에서 공산 정권을 수립하고 지원했다. 그럼에도 20세기가 지나기 전에 소련 자체가 혁명에 무너지고 말았다.

중국 공산혁명

중국 공산혁명의 지도자 마오쩌둥(毛澤東)은 중국의 제국 시대가 저물던 1893년에 태어났다. 농민 곡물상의 아들 마오쩌둥은 농업을 공산혁명의 중심에 두었다. 그는 많은 실수를 저질렀으며, 그의 정책은 수천만 명의 목숨을 앗아갔다. 하지만 마오쩌둥은 중국이 외국 열강에 패배하고 굴욕을 당한 지한 세기 만에 중국 독립을 쟁취했으며 그의 공산당은 중국을 세계 2위의 경제 대국으로 성장시켰다.

17세기 중엽에 만주족이 북쪽에서 중국을 침략하여 청 왕조를 세웠다. 청 치하의 중국은 세계에서 가장 부유한 나라가 되었으며 유럽에서도 널리 존경받았다. 하지만 19세기 들어서구의 기술과 군사력이 발전하면서 중국은 훌쩍 뒤처졌다.

1840년대에 유럽 열강과 미국이 중국의 대외 무역을 통제하고 부당한 조약을 강요하기 시작했다. 외세의 간섭으로 청 제국의 지배력이 약해지고 빠른 인구 증가 때문에 황제의 통치가 힘에 부치자 반(反)만주족 정서와 무질서가 확산되기 시작했다. 1850년대에 태평천국 운동이 일어나 중국 남부가 쑥대밭이 되고 수백만 명이 목숨을 잃었다. 마오쩌둥이 태어난 지 7년 뒤인 1900년에 반(反)외세 운동 단체 의화단이 베이징에 사는 유럽인들을 공격했다. 그러자 미국과 유럽의 군대가 수도를 점령하고 중국 정부에 막대한 배상금을 요구했다.

청 왕조는 세력이 약해지면서 중국의 군대와 학교, 관료 조직을 개혁하고 근대화하려 노력했다. 이와 동시에 왕조를 입헌 정부로 대체하려는 혁명 조직들이 생겨났다. 이 조직들은 관료, 기업인, 전문가, 학생, 노동자, 화교를 비롯하여 만주족 통치자를 몰아내고 중국을 부강하게 하고 싶어하는 모든 사람들의 지지를 받았다. 신해혁명으로 알려진 1907년부터 1911년까지의 기간에 여러 도시와 성(省)에서 반만주족 봉기가 일어났다. 1911년 후반에는 (청 왕조의 최근 개혁으로 창설된) 신군(新軍)이 이탈하여 반란 세력에 합류해서는 주요 도시 여러 곳을 점령했다. (마오쩌둥은 10대 시절에 반란군에 잠시 몸담은 적이 있다.) 1912년 1월에 중화민국 임시 정부가 수립되었다. 그해 2월에 청 황제가 물러남으로써, 2000년 넘도록 이어진 왕조가 막을 내렸다. 의사이자 지식인으로, 초기 반만주족 혁명 지도자이던 쑨원이 초대 대총통에 취임했다.

새 공화국은 오래가지 못했다. 이내 새로운 권력 투쟁이 벌어졌기 때문이다. 1912년에 청 말기의 야심 찬 무관 위안스카이(袁世凱)가 대총통직을 넘겨받았다. 위안스카이는 쑨원을 강제로 일본으로 도피시키고는 군이 각 성을 통치하도록 했다. 1915년에는 스스로 황제가 되어 군주제를 복원하려 시도했으나 실패했다. 1916년에 위안스카이가 죽자 중국은 군벌 통치의 수렁에 빠졌다.

이듬해에 쑨원이 공화국을 복원하기로 결심하고 일본에서 돌아왔다. 1921년에 중국 남부에서 자신의 국민당이 이끄는 군사 정부를 세웠다. 1925년에 쑨원이 죽자 그를 위해 싸운 장군 장제스(蔣介石)가 새로 국민당 총재에 취임했다.

한편 마오쩌둥은 학교로 돌아갔다. 1918년에 대학을 졸업하고 베이징에 갔는데, 러시아 공산혁명을 추종하여 마르크스·레닌주의에 경도된 일군의 학자들과 합류했다. 마오쩌둥은 1921년에 설립된 중국 공산당 초기 지도자가 되었다. 하지만 마오쩌둥이 권력에 오르기까지는 30년 가까운 조직화와 내전의 기간을 거쳐야 했다.

1922년부터 1927년까지 중국 공산당은 국민당과 손잡고 국민당이 소련의 지원을 받도록 도왔다. 1926~1927년에 공산당과 국민당은 군벌에 대항하여 북벌(北伐)이라는 대규모 군사 작전을 합동으로 벌였다. 하지만 1927년에 장제스가 악랄하게 동맹에 등을 돌리고 공산주의자를 소탕하는 '백색 테러'를 벌이기 시작했다. 그해 4월에 상하이에서 수천 명이 학살당했으며 그뒤로 중국 전역에서 공산주의자, 공산주의 동조자, 공산주의자로 의심되는 자를 비롯한 수십만 명이 적발되어 살해당했다.

그러자 마오쩌둥은 중국 공산당이 북벌 시기에 일어난 농민 봉기를 활용하여 농민군을 조직해야 한다고 주장했다. 다른 중국 공산당 지도자들은 이에 반대하여, 산업 프롤레타리아만이 공산당의 핵심이 될 수 있다는 정통적 견해를 따랐다.

결국 마오쩌둥의 전략은 옳은 것으로 드러났다. 장제스의 군대를 피해 내륙 깊숙이 퇴각해야 했던 마오쩌둥은 1930년에 중국 남부 장시(江西)에 농촌 근거지를 세웠다. 토지 개혁을 시행하고 농민의 군대인 홍군(紅軍)을 조직하여 이 지역을 장악하고는 '중화 소비에트 공화국(中華蘇維埃共和國)'을 선포했다. 이듬해에 일본이 만주를 침공하자 국민당은 일본에 맞서 중국을 지키는 일에 관심을 돌려야 했다. 그럼에도 마오쩌둥의 군대를 소탕하겠다는 장제스의 결심에는 변함이 없었다.

1934년에 장제스의 국민혁명군은 마오쩌둥의 소비에트를 포위하는 데 성공했다. 공산주의자 8만 명이 국민혁명군의 전선을 뚫고 중국 북부의 외딴 지역 산시(山西)에 있는 또다른 공산당 근거지를 향해 '대장정'을 떠났다. 끊임없이 전투를 벌이며 꼬박 1년 동안 9600킬로미터의 험로를 주파하여 목적지에 도달한 인원은 약 8000명에 불과했다. 하지만 중국 공산당 지도부는 대장정이라는 시련을 겪으면서 강인해졌으며 이들의 끈기는 전설이 되었다.

한편 일본은 중국을 더 깊숙이 침공할 계획이었다. 1937년에 일본군은 전면 공격을 단행하여 베이징, 상하이, 난징을 점령했다. 공산주의자들은 더 많은 지지를 얻어내기 위해 일본과 싸우는 쪽으로 방향을 틀었다. 이들은 수십만 병력을 조직하여 1937년부터 1945년까지 일본에 맞서 국민당과 애국적 동맹(국공 합작)을 맺었다. 하지만 국민당과 중국 공산당의 차이는 뚜렷해져만 갔다. 국민당은 도시에 기반을 두었으며, 지도자들은 미국의 넉넉한 원조에서 떡고물을 챙기며 점차 부패했다. 중국 공산당은 시골의 농민 공동체를 기반으로 삼았으며 지도자들은 덜 부패했고 더 효율적이며 점령 지역 주민들의 안녕에 더 관심을 두는 것으로 알려졌다.

1945년에 미국이 일본을 격퇴하자 국민당과 중국 공산당 사이에 내전이 재개되었다. 중국 공산당은 소련의 넉넉한 지원을 받아 대규모 정규군을 조직했다. 한편 국민당의 부패로 국민혁명군은 사기와 전력이 약해졌다. 국민당 정부는 마구잡이로 화폐를 찍어 물가를 천정부지로 올렸으며, 일본 점령 지역의 주민을 반역자로 몰아 막대한 배상금을 부과하고 정권 측근의 모리(謀利)를 눈감아주었다. 마오쩌둥의 군대는 점점 많은 지역에서 국민당을 소탕했다. 마침내 1949년 10월에 마오쩌둥은 베이징에 입성하여 중화인민공화국의 수립을 선포했다. 장제스와 국민혁명군 잔당은 타이완으로 달아났다.

공산주의자들은 권력을 손에 넣자 혁명을 가차없이 밀어붙였다. 소비에트 모형을 따라 모든 농장을 국유화했으며 전 국민을 집단으로 조직했다. 또한 스탈린이 중공업을 강조한 것을 본떠 산업 기반을 구축하고자 했다. 그리고 1958~1960년의 대약진 기간에 마오쩌둥은 소련과 단절하고 독자적으로 경제 발전의 길을 닦았다. 소련이 공장 노동력을 창출하고 대규모 철강 공장과 신규 제조 시설을 건설하는 데 주력한 반면에 마오쩌둥은 농업에 초점을 맞췄다. 마오쩌둥은 농민의 주도하에 농촌 경제를 급성장시키고자 농민들을 독려하여 인민공사를 설립하고 '토법고로(土法高爐)'〔인민공사의 뒤뜰에 설치한 소형 용광로―옮긴이〕에서 철강과 기계의 생산을 부쩍 늘리도록 했다. 하지만 마오쩌둥의 꿈은 곧 악몽이 되었다. 그의 전략은 혼란을 낳았다. 조잡한 기계는 금방 부서졌으며 농민들은 철강 생산 할당량을 맞추기 위해 농기구를 녹였다. 추수를 건너뛰고 농기구를 버린 결과, 식량 생산이 재앙 수준으로 급감했다. 선전 포스터에서는 건장한 농민들이 풍성한 수확을 거두고 있었지만, 사람들은 풀과 나무껍질, 곤충으로 연명했으며 수천만 명이 굶어죽었다. 1960년이 되자 마오쩌둥은 저우언라이, 류샤오치, 덩샤오핑 등 더 실용주의적인 동료들에게 경제 계획을 넘겼다.

1960년대 초에는 상황이 나아졌지만, 1966년이 되자 마오쩌둥은 중국이 지나치게 물질주의적이 되어 혁명의 이상을 잊었다고 생각했다. 그래서 '계속 혁명(繼續革命)'을 고무하는 운동을 벌였다. 혁명 구호를 담은 '홍보서(紅寶書)' 『마오 주석 어록毛主席語錄』은 군부에서 출간되었으며 역사상 가장 많이 인쇄된 책 중 하나가 되어 마오쩌둥과 그의 사상에 대한 개인 숭배에 기여했다. 이 '문화 대혁명'이 추진되면서 학교가 문을 닫고 청년 수천만 명이 홍위병(紅衛兵)이 되었는데, 이들은 마오쩌둥의 부추김을 받아 중국 공산당 관료, 지식인, 공장 관리자, 전문가를 공격했다. 마오쩌둥은 중국 공산당 내 정적들을 공격하여 권력에서 몰아냈다. 대학생과 (덩샤오핑을 비롯한) 숙련된 전문가 수백만 명이 농촌으로 추방되어 육체노동에 종사해야 했다.

몇 해가 지나 학교와 공장이 제 역할을 못하고 경쟁 파벌 간에 무력 충돌이 일어나 내전으로 번질 지경이 되자 군부가 질서를 회복하기 위해 개입했다. 하지만 마오쩌둥의 아내가

6. 대약진 운동으로 기근이 들었을 때 풍년을 묘사한 중국의 혁명 선전 포스터(1958년).

이끄는 급진파 사인방(四人幫)과 실용주의적 당 지도자들 사이의 권력 투쟁은 계속되었다. 1976년에 저우언라이와 마오쩌둥이 죽고 사인방이 체포되면서 혁명의 두번째 급진적 단계가 막을 내렸다. 1978년이 되자 덩샤오핑이 공산당의 새 지도자로 등극했다.

실용주의자 덩샤오핑은 중국 경제를 완전히 재편하는 운동을 벌였다. 걷잡을 수 없는 인구 증가를 억제하기 위해 한 가정에 한 자녀만 낳도록 허용하는 독생자녀제(獨生子女制)를 실시했다. 인민공사를 해체하고 토지를 농민에게 빌려주었으며 농민이 잉여 생산물을 팔 수 있도록 허용했다. 진(鎭)과 인민공사에 사업 시작을 독려했으며 시장 가격으로 물건을 매매하도록 허용했다. 외국인 투자를 유치하고 수출용 상품을 생산하기 위해 경제특구를 조성했는데, 성과가 좋아 나라 전체로 확대했다. 정부는 기반 시설, 주택, 에너지, 건설 등에 대규모로 투자했으며 국영 기업의 주식 매각과 민영화를 장려했다.

오늘날, 중국 공산당이 정권을 잡고는 있지만 중국은 더는 공산 사회가 아니다. 중국은 세계 2위의 경제 대국이 되었으며 국제적 기업, 이윤을 추구하는 대규모 기업가 계층, 노동자와 농민은 더 나은 조건을 적극적으로 추구한다. 당 지도자들은 중국이 결국 민주주의로 이행할 것이라 말하지만, 덩샤오핑은 1989년 톈안먼 광장에서 민주주의를 요구하며 벌어진 시위를 무자비하게 진압했으며 현재의 당 지도부가 권력 독점을 포기할 조짐은 전혀 없다. 그럼에도 경제 성장이 둔화하고 중국 공산당 관료의 부패에 대한 분노가 확산되면서, 중국의 미래에 또다른 혁명 단계가 남아 있지 않을까 하는 의문이 든다.

쿠바 혁명

공산 정권 지배하에서 수천만 명이 목숨을 잃은 사실이 수십 년 동안 은폐된 탓에, 러시아와 중국의 급속한 경제 성장과 군사력 발전은 개발 도상국의 야심 찬 지도자들에게 무척 매력적이었다. 공산주의는 빈곤층을 위하는 많은 사람들이, 또한 서구 자본주의 나라들의 지배에서―서구 나라의 식민지든, 서구와 결탁한 독재자의 지배를 받고 있든―자국을 해방시키려는 사람들이 선호하는 이념이 되었다.

1950년대에 피델 카스트로는 농민 게릴라 부대를 창설하고 설탕 노동자들의 지지를 얻어 독재자 풀헨시오 바티스타(Fulgencio Batista)를 몰아내고 공산 정권을 세웠다. 바티스타 정권은 전형적인 인적 정부였다. 1952년에 바티스타는 외국 기업의 투자와 연계된 엘리트의 지원을 받아, 예정된 선거를 취소하고 군대를 동원하여 나라를 장악했다. 설탕은 쿠바 수출의 80퍼센트를 차지했는데, 설탕의 절반 가까이를 미국 소유의 기업에서 생산했다. 또한 미국 기업들은 관광, 호텔, 도박, 수도·전기, 제조, 채굴, 정유 등에도 많은 지분을 보유했다. 미국은 1890년대에 쿠바가 스페인에서 독립하는 데 도움을 주었지만, 그뒤에 미국 기업을 보호하기 위해 번번이 내정에 개입했다. 1950년대에 많은 쿠바인은 바티스타 정권이 미국의 앞잡이에 지나지 않는다고 여겼다. 쿠바는 대다수 라틴아메리카 나라들보다 잘살았으나—이 나라들은 기대 수명이 50세 이하였다—설탕 정제 등의 업종에 종사하는 농민과 노동자는 외국인 투자와 바티스타 정권에 연계된 자들의 부와 부패를 증오했다.

정권 반대의 중심 중 하나는 아바나 대학이었다. 젊고 총명한 법과대학 졸업생 피델 카스트로는 1952년 선거에 출마할 계획이었다. 하지만 선거가 취소되자 무장봉기를 일으켜 바티스타를 몰아낼 계획을 구상하기 시작했다. 카스트로의 혁명운동은 거듭되는 실패를 이겨낸 기적적 탈출과 행운으로 유명하다.

1953년 7월 26일에 피델 카스트로와 동생 라울 카스트로는 간신히 100명이 넘는 동지들과 함께 쿠바 동쪽 끝에 있는 산티아고의 몬카다 막사를 공격했다. 하지만 반란군의 절반 가까이가 목숨을 잃고 나머지는 도주하는 참패로 끝났다. 재판정에서 피델은 바티스타를 비판하는 감동적인 연설에서 "역사가 나를 사면할 것이다"라고 주장했다. 반란군은 중경비(重警備) 교도소에서의 15년 형을 선고받았다. 하지만 바티스타가 대국민 이미지를 개선하려고 몬카다 반란군을 사면한 덕에 1년 반 만에 풀려났다.

카스트로 형제는 멕시코로 달아나 다음 단계를 계획했다. 그곳에서 라틴아메리카를 여행하던 아르헨티나 의사 체 게바라를 만난다. 체 게바라는 빈곤층을 급진적으로 옹호했으며 과테말라 인민정부를 미국이 전복한 것에 격분했다. 체 게바라와 79명의 쿠바 망명자가 카스트로 형제와 합류하여 낡은 정원 초과 요트 '그란마호'를 타고 쿠바로 항해하여 1956년 12월 2일에 상륙했다. 배를 대고서 얼마 지나지 않아 그들은 쿠바 군대의 매복에 걸려들었다. 카스트로 형제, 체 게바라, 동료 여남은 명만이 목숨을 건졌다. 이 소수의 잔당은 쿠바 동부의 시에라 마에스트라로 달아났다. 그곳에서 영구적 토지 개혁, 학교 교육, 의료를 약속하여 농민을 모집하고 이들을 게릴라 전사로 훈련했다.

이것이 마지막일 수도 있었지만, 카스트로 형제는 전투 실력이 뛰어났다. 치고 빠지기 전술을 이용하여, 바티스타가 파견한 군대를 따돌리거나 싸워 이겼다. 게릴라 부대의 수도 늘었다. 한편 다른 반정부 세력이 벌인 도심 폭동과 파업이 무자비하게 진압되어, 카스트로 군대는 정권에 공개적으로 저항하는 유일한 세력으로 남았다. 카스트로의 명성과 평판이 커짐에 따라 바티스타는 더 호전적으로 나왔다. 1957년과 1958년 초에 그의 군대는 정권 반대 운동에 참여한 중산층 청년과 노동자 수백 명을 고문하고 처형했다. 1958년 3월에 바티스타의 폭력에 혐오감을 느끼고 카스트로를 온건한 민족주의 지도자로 여긴 미국 대통령 드와이트 아이젠하워는 바티스타에 대한 무기 공급을 중단했다.

무기 공급이 중단되자 바티스타 군대는 사기가 급전직하했다. 1958년 후반에 카스트로는 반란군 수백 명을 산악 지대에서 동부의 도시로 내보냈다. 바티스타의 군대는 참전을 거부했으며 카스트로 군대는 아무런 방해도 받지 않고 산타클라라와 산티아고를 점령했다. 1959년 1월 1일에 바티스타가 도주했으며 몇 주 뒤에 카스트로가 대중의 엄청난 지지를 받으며 아바나에 입성했다.

카스트로는 권력을 손에 넣은 뒤에 외국 기업을 국유화하고 토지 개혁을 단행했다. 자신이 공언한 대로 문맹 퇴치 운동과 의료 운동을 벌였으며 학교와 병원 수천 곳을 신설했다. 카스트로는 쿠바가 외국 기업의 이익에 오랫동안 지배당했으니 공산주의식 혁명만이 쿠바에 정의를 가져올 수 있다고 믿었다. 하지만 미국이 혁명을 분쇄하려 들까봐, 공산 국가를 건설하겠다는 자신의 의도를 2년 가까이 공표하지 않았다. 존 F. 케네디가 대통령이 되자, 울분을 품고서 혁명을 피해 달아난 쿠바의 재계 엘리트는 쿠바 피난민과 망명객의 쿠바 침공에 자금을 대면 카스트로를 몰아내고 민주주의를 회복할 수 있다고 미국 CIA를 설득했다. 침공은 1961년 4월 7일 코치노스 만(피그스 만)에서 결행되었다. 하지만 쿠바 국민이 단결하여 카스트로와 혁명을 지지했기 때문에 쉽게 제압되었다.

그뒤에 카스트로는 쿠바를 공산 사회로 전환하고 소련과 동맹을 맺고 심지어 쿠바에 소련 핵미사일을 배치하겠다고 선언했다. 이 때문에 미국과 소련 사이에 핵전쟁 일촉즉발 상황이 벌어졌지만, 긴장된 교착 상태와 미국의 해상 봉쇄를 겪은 뒤에 미사일은 철수했다. 그럼에도 미국은 쿠바에 대한 엄격한 금수 조치와 여행 제한을 풀지 않았다.

카스트로는 미국과 맞서면서 국민적 영웅의 지위를 유지했지만 공산주의 경제는 성적이 형편없었으며 소련과 (나중에는) 베네수엘라 같은 동맹국의 도움으로 겨우 버틸 수 있었다. 카스트로는 반대 세력 수천 명을 미국으로 도주하도록 부추겼는데, 대부분 플로리다에 정착했다. 쿠바에 남아 카스트로 정권을 비판한 사람들은 비록 한때 동료 혁명가였더라도 투옥되거나 처형당했다. 2008년에 피델의 병세가 악화되어 통

7. 쿠바 혁명 지도자들을 촬영한 희귀한 사진. 빌마 에스핀, 피델 카스트로, 라울 카스트로, 셀리아 산체스(1957년).

치가 어려워지자 동생 라울이 쿠바의 지도자 자리를 물려받
았다.

카스트로의 승리와 미국에 대한 저항은 예비 혁명가들에
게 영감을 주었다. 그후로 오랜 동지 체 게바라는 저항의 '포
코(foco)'('거점'이라는 뜻)인 소규모 게릴라 부대만 있으면 어
떤 불의한 정권도 무너뜨릴 수 있다는 새로운 혁명 이론을 발
전시켰다. 하지만 그의 이론은 틀렸다. 카스트로의 부대는 바
티스타의 인적 정권이 저지른 만행과 부패, 외국의 경제적·
정치적 개입에 대한 쿠바 국민의 깊은 적대감, 무기 공급을 중
단하기로 한 미국의 결정 등 놀라운 행운을 등에 업었다. 다른
나라에서는 야심 찬 혁명가들이 더 효율적인 군사 정권이나
미국의 지원을 받는 정권에 맞서 '포코' 운동을 조직하려다 격
파당했다. 체 게바라 자신도 볼리비아에서 '포코' 집단과 활동
하다 1967년에 체포되어 처형당했다.

한편 카스트로 정권은 소련의 붕괴를 이겨내고, 쿠바 민족
주의와 미국 금수 조치에 대한 분노를 이용하여 지지를 강화
함으로써 끈질기게 살아남았다. 하지만 중국에서와 마찬가지
로 쿠바의 공산주의 지도자들은 자유 시장 활동이 어느 정도
허용되지 않으면 경제 성장이 불가능하다는 사실을 깨달았다.
쿠바는 최근에 외국인 관광을 장려하고 소기업, 금융, 부동산,
그리고 자동차, 컴퓨터, 소비재 시장에 대한 규제를 완화했다.

하지만 라울의 보수적 지도하에서 얼마나 빨리 변화가 일어
날지, 새 세대 지도자들이 어떤 결과를 내놓을지는 두고보아
야 할 것이다.

제 8 장

독재자에게 저항한 혁명: 멕시코, 니카라과, 이란

멕시코 혁명, 니카라과 혁명, 이란 혁명에서는 산적 두목 판초 비야(Pancho Villa), 교활한 게릴라 지도자 출신으로 대통령이 된 다니엘 오르테가(Daniel Ortega), 무시무시한 아야톨라 호메이니(Ayatollah Khomeini) 등 혁명의 역사에서 가장 충격적인 인물들이 배출되었다. 세 사람은 부패한 인적 정권으로 전락한 근대화 독재에 저항하여 혁명을 이끌었다.

인적 통치자들은 정실(情實)과 부패를 이용하여 가족 구성원과 패거리에게 경제적 이익을 챙겨주고 그 부담을 전반적인 재계 엘리트에게 떠넘김으로써 엘리트를 소외하는 경향이 있다. 또한 군사 쿠데타의 위험을 줄이기 위해 군부를 권력에서 배제하거나 전문성 있는 군인을 충성파로 교체하여 군부의 힘을 약화한다. 통치자와 그 패거리에게 유리한 경제 정책을 펴기 때문에, 이런 정권은 종종 불평등 성장이나 물가 상승 등의 경제 문제를 낳으며, 따라서 정권에 대한 분노가 팽배해진다.

인적 정권에 맞선 혁명은 기원은 비슷해도 성격이 매우 다양하다. 멕시코는 참혹한 내전을 겪었음에도, 혁명을 승리로 이끌고 탄탄하게 다진 것은 온건파 지도자들이었다. 하지만 불과 10년 뒤에 토지 개혁과 주요 산업의 국유화라는 더 급진적인 정책이 시행되었다. 니카라과의 혁명 정권은 혁명 이후 고작 10년 만에 공정 선거에서 패배하여 권력을 내놓았다는 점이 독특하다. 하지만 뒤이은 선거에서는 혁명 지도자가 평화적으로 권력을 되찾았다. 이란에 들어선 새 혁명 정권은 이슬람 공화국이었다. 이것은 세계 역사에서 처음 있는 일이었으며 혁명이 늘 새로운 무언가를 만들어낼 수 있다는 증거다.

멕시코 혁명

1821년에 스페인으로부터 독립을 쟁취한 뒤에 멕시코는 반세기 동안 정치적 격변을 겪었다. 군사 지도자들이 권력 다툼을 벌이고 걸핏하면 외세가 간섭하다가 1876년에 포르피리오 디아스(Porfirio Díaz) 장군이 나라를 장악했다. 디아스는

34년 동안 멕시코를 이끌었으며, 반대파를 용납하지 않았으나 안정과 경제 성장의 시대를 열었다. 멕시코 대통령에 취임하여 채굴, 철도, 수출 농업에 대한 외국의 투자를 장려했는데, 이 덕분에 중산층이 증가했으며 지지자들은 막대한 부를 얻었다. 하지만 멕시코의 토지와 자본에 대한 외세의 통제력이 커진 반면에 농민, 노동자, 목장 일꾼의 소득은 훌쩍 뒤처졌다. 아시엔다(hacienda)라는 상업적 부동산이 확대되면서 농민들의 토지를 집어삼켰다. 디아스의 독재 치하에서 많은 중산층이 정치적으로 배제되어 불만을 품었다.

1907~1909년에 상품 가격이 가파르게 하락하여 신흥 탄광 도시와 농장이 타격을 입었으며, 경제적 고통이 전국을 휩쓸었다. 부유한 토지·채굴·금융 가문의 아들 프란시스코 마데로(Francisco Madero)가 민주 선거에서 디아스를 몰아내기 위한 운동을 멕시코 전역에서 펼치기 시작했다. 마데로는 디아스 치하에서는 멕시코인들이 자유를 누리지 못하고 자신의 운명을 통제하지 못한다고 말했다. 1910년 대통령 선거를 앞두고 마데로는 정당을 창당하여 대통령 입후보를 선언했다. 하지만 얼마 지나지 않아 디아스는 마데로와 그의 지지자 5000명을 체포하고는 대통령에 재선되었다.

마데로는 국경을 넘어 텍사스로 탈출했으며, 1910년 선거가 무효라고 선언하고 멕시코인들에게 혁명 봉기를 호소했다.

많은 지도자들이 그의 호소에 응답했다. 그중에는 멕시코시티 남부 모렐로스 출신의 카리스마적 마을 지도자 에밀리아노 사파타(Emiliano Zapata)가 있었다. 사파타는 아시엔다에 잠식되는 농민들의 토지를 지키기 위해 싸우고 있었다. 마데로의 운동을 토지 개혁의 기회로 여긴 사파타는 멕시코 남부에서 디아스 군대와 맞서 싸울 농민군을 창설했다. 마데로를 추종한 또다른 인물로는 프란시스코 판초 비야(Francisco Pancho Villa)가 있었다. 비야는 산적 출신으로, 친(親)마데로 군대에 가담했으며 이후에 북부의 목장 일꾼과 농민으로 직접 군대를 창설했다. 멕시코 북부 출신의 야심 찬 상원 의원 베누스티아노 카란사(Venustiano Carranza)도 마데로의 요청에 응답했다. 디아스는 빠르게 성장하는 혁명군의 적수가 되지 못하여 사임했으며 마데로는 1911년에 영웅 대접을 받으며 멕시코시티에 입성했다.

마데로는 그해 투표에서 90퍼센트의 지지로 대통령에 당선되었다. 하지만 그의 승리는 오래가지 않았다. 1912년에 디아스 지지자들이 자금을 지원하여 마데로 정권에 맞선 지방 반란이 일어났다. 사파타를 비롯하여 더 많은 급진적 개혁을 요구하는 민중 반란 세력도 마데로 정권에 불만을 품었다. 그리하여 1913년 초에 디아스의 전직 장성으로, 반란에 맞서 마데로를 지켰고 멕시코군 사령관이 된 빅토리아노 우에르타

(Victoriano Huerta)가 병사를 동원하여 권력을 찬탈하고 마데로를 살해했다. 우에르타의 행위는 또다른 내전의 불씨를 댕겼다. 카란사는 우에르타와 맞서 싸우고 입헌 민주주의를 회복하고자 마데로에게 충성하는 군대를 규합했다. 그는 1912년에 마데로를 지키기 위해 싸운 유능한 장교 알바로 오브레곤(Álvaro Obregón)을 북서부 사령관으로 임명했다. 한편 사파타와 비야는 토지 개혁과 노동자 권리를 위해 싸우고자 독자적인 민중 군대를 조직했다.

1914년에 비야와 오브레곤이 대승을 거두자 우에르타는 외국으로 달아났다. 이제 카란사가 멕시코시티에 입성하여 권력을 차지했다. 하지만 내전의 끝은 아직 요원했다. 사파타는 카란사를 신뢰하지 않았으며, 모렐로스를 장악하고 농민을 위한 토지 개혁을 시행했다. 그뒤에 사파타는 카란사와 오브레곤에게 맞서 싸우기로 비야와 협정을 맺었다. 그뒤로 2년 동안 멕시코 전역에서 격렬한 전투가 벌어졌다. 오브레곤은 한쪽 팔을 잃었으며 비야의 군대는 퍼싱 장군(General Pershing)이 지휘하는 미국 군대에 쫓기는 신세가 되었다. 1917년에 사파타와 비야의 주력군이 패배했다(그뒤로도 소규모 접전은 계속되었다). 마침내 1919년에 사파타가 매복에 걸려 암살당했다. 비야는 1920년에 평화적으로 정권을 이양하는 데 합의했으나 1923년에 암살당했다.

카란사는 새로운 민주적 헌법을 초안할 의회를 1916년에 소집하여 정치적 지지를 얻었다. 이듬해에 통과된 새 헌법은 노동조합 결성을 허용했고, 아동 노동을 금지했으며, 남녀 동일 임금을 의무화했고, 빈곤층에 토지를 재분배할 권한을 정부에 부여했다. 하지만 카란사는 이중 많은 조항을 거부했으며 경제 개혁을 주저하고 급진적 변화에 반대했다. 1920년 선거 직전에 카란사는 대통령에 출마할 계획이던 오브레곤을 공격했다. 이것은 치명적 패착이었다. 민중에게 인기가 많던 오브레곤은 카란사에게 맞서 봉기했다. 이제 카란사가 달아날 차례였다. 카란사는 국고에서 챙긴 금과 문서고의 자료, 지지자 수천 명을 실은 열차를 타고 베라크루스로 향했다. 하지만 오브레곤의 군대가 열차를 막아 세웠으며 카란사는 살해되었다. 오브레곤은 1920년에 대통령에 당선되었다.

1924년에 오브레곤 정권의 내무부 장관 플루타르코 엘리아스 카예스(Plutarco Elías Calles)가 토지 개혁과 노동자 권리를 확대하겠다는 공약을 내걸고 대통령에 당선되었다. 하지만 카예스는 취임한 뒤에 가톨릭교회에 대한 제한을 강화하는 데 치중했다. 멕시코 내에서 가톨릭교회의 주요한 역할은 1917년 헌법에서 이미 공격받은 바 있었다. 카예스는 가톨릭교회가 지나치게 부유하고 보수적인 미신의 보루이자 진보의 걸림돌이라고 여겼으나, 가톨릭 성직자에 대한 멕시코인들의 애착과 신앙심을 과소평가했다. 1926년부터 1929년까지 멕시코는 가톨릭 집단과 정부군이 벌인 '크리스테로(Cristero)' 전쟁으로 갈가리 찢겼다. 1928년에 오브레곤은 다시 대통령에 당선되었으나, 취임도 하기 전에 가톨릭 신자에게 암살당했다. 전쟁부 장관이지만 여전히 정부를 지배하고 있던 카예스는 1929년에 가톨릭교회와 화해했다. 카예스는 국가혁명당을 창당하여 권력을 제도화했다. 국가혁명당(지금은 제도혁명당으로 개명했으며 스페인어 약자인 'PRI'로 잘 알려져 있다)은 향후 71년 동안 멕시코 정치를 지배했다.

카란사, 오브레곤, 카예스는 모두 토지 개혁과 노동자 권리보다는 경제 성장의 회복에 중점을 둔 온건파 입헌주의자였다. 이들은 농민과 노동자의 요구에 대해 제한적 조치를 취하는 데 머물렀으며 외국 기업들이 멕시코의 자원을 착취하도록 허용했다. 1930년대 후반에 전 세계적 불황이 멕시코 경제를 덮치자 혁명이 두번째 급진적 단계에 접어들었다. 1934년에 대통령으로 당선된 라사로 카르데나스(Lázaro Cárdenas)는 카예스와 그의 지지자 상당수를 체포하여 추방했다. 카르데나스는 혁명이 멕시코의 일반 국민에게 도움이 될 만큼 충분히 추진되지 않았다고 생각했다. 카르데나스는 대통령으로 재임하는 동안 폭넓은 토지 개혁을 시행하고 새로운 전국 노동조합과 노동자 임금 인상을 장려했으며, 외국 소유의 철도와 석유 산업을 국유화했다. 또한 카예스의 당을 장악하고 농민, 노동자, 전문직을 대변하는 조직들과 조합주의적 연합을 결성하여 정부에 대한 영향력을 강화했다.

카르데나스의 뒤를 이은 지도자들은 멕시코를 PRI가 정치를 지배하는 권위주의 국가로 통치했으며 각 대통령은 후임자를 직접 지명했다. 경제 성장으로 중산층이 확대되고 1980년대에 잇따른 경제 위기를 겪고 1990년대에 여당에 대한 지지가 약화된 뒤인 2000년에야 PRI는 대통령 선거에서 패배했으며 멕시코는 진정한 입헌 민주 국가가 되었다.

니카라과 혁명

1972년에 대규모 지진이 니카라과 수도 마나과를 덮쳤다. 당시에는 아무도 알아차리지 못했지만, 지진은 도시를 파괴했을 뿐 아니라 1936년부터 니카라과를 통치한 소모사 왕조가 막을 내리는 계기가 되었다.

1920년대까지 니카라과의 정치는 사설 민병대를 보유한 가문들의 반목과 미국의 거듭된 개입의 역사였다. 1926년에 대통령직을 다투던 주요 가문들 간에 내전이 발발하자 미국은 질서 유지를 위해 해병대를 파병했다. 미국은 자국 군대가 떠난 뒤에 헌법을 수호할 새로운 니카라과 국방군을 훈련하고 장비를 제공했다. 하지만 국방군은 커피 농장주의 아들로 미국에서 교육받은 자기네 사령관 아나스타시오 소모사 가르시아(Anastasío Somoza García) 장군에게만 충성을 바쳤다.

전쟁에서 게릴라군을 이끈 아우구스토 세사르 산디노(Augusto César Sandino)는 미국이 외세의 이익을 뒷받침할 꼭두각시 대통령을 선택할 것이라고 공언하고는 미국 군대가 전부 니카라과를 떠날 때까지 무기를 내려놓지 않을 것이라고 맹세했다. 산디노는 1932년까지 해병대와 국방군에 맞서 싸웠다. 그러다 대공황의 압박에 몰린 미국은 새 선거를 치른 뒤에 철군하기로 동의했으며 산디노는 무장 해제에 합의했다.

하지만 소모사 장군은 합의를 받아들이지 않았다. 1934년에 산디노를 암살했으며 2년 뒤에는 선거로 선출된 대통령을 실각시키고 권력을 손에 넣었다. 소모사는 20년을 통치하다 암살당했다. 아들 루이스 소모사 데바일레(Luis Somoza Debayle)가 뒤를 이어 1956년부터 1967년까지 종신 통치했다. 대통령직은 루이스의 둘째 아들 아나스타시오 소모사 데바일레(Anastasio Somoza Debayle)에게 계승되었다.

소모사 장군과 그의 아들 루이스는 노회한 정치인이었다. 이들은 물론 국방군의 통수권에 의존했을 뿐 아니라 다른 유력 가문과 정치인을 사법부와 입법부에 등용하고 이들의 사업에 편의를 봐주어 환심을 샀다. 소모사 왕조는 제2차세계대전에서 미국과 연합하여 독일과 싸웠으며 냉전 기간에 미국의 반(反)공산주의 십자군에 동참했다. 또한 니카라과의 채굴, 목축, 커피, 목재 등에서 미국 기업의 이익을 뒷받침했다.

1960년부터 1975년까지, 쿠바 공산혁명에 맞서 니카라과의 지지를 다지고자 미국이 원조를 제공하고 커피, 소, 목재, 고무의 수출이 증가하면서 니카라과 경제는 탄탄하게 성장했다. 하지만 인구가 급팽창하고—1950년과 1970년 사이에 두 배로 증가했다—조합 결성이 제한되는 한편 토지가 점차 중앙 집중화되면서 경제 성장의 혜택을 상류층 엘리트가 독차지하고 불평등이 증가했다.

1961년에는 소규모의 마르크스주의자 집단이—대부분 교육받은 중산층 청년으로, 쿠바 혁명에서 영감을 얻었다—운동 단체를 결성했는데, 니카라과의 국민 영웅 아우구스토 세사르 산디노의 이름을 따서 스스로를 산디니스타 민족해방전선(Frente Sandinista de Liberacin Nacional, FSLN)이라고 불렀다. 하지만 민중의 지지를 거의 받지 못하고 국방군에게 쫓기는 신세가 되었다. 상당수가 투옥되었으며 소모사의 군대에 고문당했다.

그후 1960년대 후반에 혁명의 물결이 일기 시작했다. 라틴아메리카 가톨릭교회는 해방 신학 사조를 따르기 시작했는데, 이들은 교회가 빈곤층의 삶을 개선하고 인권 투쟁을 뒷받침해야 한다고 주장했다. 이에 화답하여 다니엘 오르테가와 움베르토 오르테가(Humberto Ortega) 형제를 비롯한 FSLN 지도자들은 마르크스주의를 제쳐두고 노동자, 농민, 기업인, 성직자를 끌어들여 더 다양한 성격의 반(反)소모사 운동을 조직하기 시작했다.

1972년 마나과 지진이 일어나자 만신창이가 된 도시를 재건하기 위해 국제 원조가 쏟아져 들어왔다. 하지만 민중과 (심지어) 엘리트 기업인들은 소모사와 그의 재계 연줄 몇몇이 원조를 치부의 기회로 삼는 것을 보고 충격을 받았다. 소모사는 재건 원조를 대부분 착복하여 자신의 토지 개발 사업에 투자하고 도시의 3분의 1을 폐허로 방치했다. 국방군은 재건용 장비와 물품을 탈취하여 팔아치웠다. 지진 이후 몇 년간 경제가 급격히 둔화하여 노동자와 농민의 불만이 널리 확산되었지만 소모사 일당은 계속 배를 불렸다.

1970년대 중엽에 오르테가 형제는 여러 차례의 대담한 파업을 배후 조종하고 니카라과의 유력 인사들을 납치하여 몸값으로 자금 제공, 수감자 석방과 언론을 통한 메시지 전파 기회 등을 요구했다. 소모사는 이에 대응하여 1975년에 계엄을 선포하고 국방군을 파병하여 시골까지도 무력으로 짓밟았으며 FSLN 지지자 수백 명을 체포하여 고문했다. 신문 『프렌사La Prensa』의 편집자 페드로 호아킨 차모로(Pedro Joaquín

Chamorro)는 소모사 정권의 잔학상과 부패를 폭로하는 캠페인을 벌여 중산층과 상류층의 저항을 부채질했다.

1977년에 미국의 신임 대통령 지미 카터는 인권 보호를 최우선 과제로 삼겠다는 공약에 따라 소모사가 계엄을 해제하지 않으면 군사 원조를 중단하겠다고 위협했다. 소모사는 이에 굴복하여 많은 정치범을 석방했다. 이 덕분에 FSLN은 도시에서 노동자를 조직하고 시골에서 게릴라 부대를 창설할 새로운 기회를 얻었다. 그러다 1978년 1월에 차모로가 암살당했는데, 이로 인해 파업과 시위가 속출했다. 라틴아메리카 나라들의 원조가 FSLN에 답지하기 시작했다.

1978년 가을에 소모사는 다시 계엄을 발령했으며 FSLN 지지자들이 장악한 도시 지역을 비행기, 탱크, 대포로 공격하라고 국방군에 명령하여 수천 명의 목숨을 앗아갔다. 기업과 종교 지도자들은 카터 대통령에게 소모사의 평화적 출국과 FSLN과의 협상을 중재해달라고 청원했으나 대화는 전혀 진척이 없었다. 미국이 소모사 정부에 대한 군사 지원을 모조리 중단했는데도 소모사는 출국을 거부했다.

1979년 초에 수도를 비롯한 여러 도시에서 군중이 바리케이드를 설치하고 인근 지역을 장악했다. 소모사는 국방군에 반격을 명령했으며 마나과를 폭격하고 미국 텔레비전 기자를 비롯한 수천 명을 사살했다. 1979년 5월에 FSLN은 도심 봉기 및 게릴라 부대의 주요 도시 진입과 더불어 마지막 공세를 벌였다. 미국과 미주 기구(Organization of American States)는 소모사의 사임을 요구했다. 미국에 탄약을 빼앗기고 국제 사회의 FSLN 지지로 사기가 떨어진 국방군은 와해하기 시작했다. 소모사는 니카라과를 떠났으며, 국방군 잔당이 온두라스로 달아나자 1979년 7월에 산디니스타 전사들은 마나과를 장악했다.

FSLN은 니카라과를 점령했음에도 처음에는 폭넓은 연합을 통한 통치를 모색했다. 그리하여 차모로의 미망인으로, 『프렌사』를 이어받은 비올레타 차모로(Violeta Chamorro)를 비롯하여 기업 지도자 및 성직자와 연합하여 임시 군사 정부를 세웠다. 1984년의 첫 전국 선거에서 다니엘 오르테가가 대통령으로 당선되었으며 FSLN은 의회 다수당이 되었다. FSLN은 그 즉시 소모사 가문의 자산을 전부 국유화했다.

하지만 마르크스주의에 치우친 FSLN과 재계 및 종교계의 연합은 오래가지 않았다. FSLN은 더 많은 사유지와 사기업을 국유화하겠다고 위협했다. 게다가 1980년에 미국 대통령에 당선된 로널드 레이건은 산디니스타가 쿠바와 전혀 다를 바 없다고 생각했다. 레이건은 금수 조치를 시행했으며 온두라스의 전(前) 국방군 대원들이 '콘트라' 반군을 결성하여 산디니스타를 괴롭히도록 원조와 군사 지원을 제공했다. 콘트라 전쟁의 비용이 증가하자 사람들은 대안을 찾기 시작했다. 1990년 선거에서 비올레타 차모로는 오르테가의 맞수로 출마하여 대통령에 당선되었다. FSLN도, 절반 가까운 의석을 지키기는 했지만 다수당의 지위를 잃었다.

오르테가는 1996년과 2001년 대통령 선거에 재출마했지만 재계에서 지지하는 온건파 후보에게 패했다. 하지만 얼마 지나지 않아 재계 지도자들의 부패상이 폭로되었으며 니카라과 일반 국민의 삶을 개선하는 데 그들이 거의 이바지하지 않았음이 드러났다. 2006년에 오르테가는 다시 대통령에 출마하여 승리했으며 2011년에는 더 큰 표차로 당선되었다. FSLN이 모든 목표를 이루지는 못했지만—여러 정권하에서도 빈곤과 부패는 사라지지 않았다—이들의 투쟁은 소모사 독재를 끝장냈다. 대다수 사회주의 혁명과 달리, 이들은 니카라과를 훨씬 민주적이고 활발한 시민적 사회로 탈바꿈시켰다.

이란의 이슬람 혁명

이란의 모하마드 리자 샤 팔레비(Mohammad Reza Shah Pahlavi)는 자신이 고대 페르시아 왕의 계보를 계승한다고 주장했지만 그의 가문은 소모사 가문과 마찬가지로 군사 쿠데타로 집권했다. 샤의 아버지 리자 칸(Reza Khan)은 이란군의 장군이었다. 1921년에 리자 칸은 샤[이란의 왕—옮긴이]를 퇴위시키고 1925년에 스스로에게 샤의 칭호를 부여했다.

이란에는 마질레스(Majles)라는 의회가 있었지만 리자는 의회의 독립성을 인정하지 않고 거의 절대 권력을 휘둘렀으며, 이란의 석유를 착취하고 방대한 토지를 차지하여 가문의 부를 쌓았다. 리자 샤도 근대화 계획을 추진하여 철도를 건설하고 교육과 공공 의료를 진흥했으며 베일을 금지하고 서구식 복장을 장려했다.

제2차세계대전이 발발하자 리자 샤는 중립을 유지하려 했으며 연합국이 이란을 러시아 공급선으로 활용하는 것을 막으려 했다. 하지만 1941년에 영국과 러시아가 침공하여 '늙은' 샤를 퇴위시켰으며 자기네 요구를 들어주는 대가로 그의 아들 모하마드 리자 팔레비가 신임 샤로서 권좌에 오르는 것을 허락했다.

1951년에 인기 있는 민족주의자 모하마드 모사데크(Mohammad Mossadegh)가 총리에 임명되었다. 그의 지휘하에 마질레스는 이란의 석유 대부분을 생산하던 영국계 영국-이란 석유 회사(Anglo-Iranian Oil Company)를 인수하는 법안을 통과시켰다. 또한 모사데크는 마질레스에 더 많은 권한을 달라고 요구했다. 샤가 거부하자 모사데크는 사임하면서 국민에게 지지를 호소했다. 대규모 항의 집회와 파업이 이란 전역에서 일어나자 모사데크는 총리직에 복귀했으며 더 큰 권력을 손에 넣었다. 하지만 영국은 이란 석유에 대한 금수 조치로 대응했으며 경제에 타격을 입혀 모사데크에 대한 국민적 지지에 악영향을 끼쳤다. 1953년에 영국과 미국은 CIA가 사주한 쿠데타를 통해 모사데크를 몰아내고 샤의 절대 권력을 회복시켰다.

샤가 자신의 지지 기반을 넓히려 했다면 평화적으로 통치했을지도 모른다. 하지만 그는 인적 통치자가 되어, 자신의 이상을 추구했으며 자신의 권력에 대한 반대나 제약을 전혀 용납하지 않았다. 샤는 성직자의 권력과 부를 제한하려고 토지를 빼앗아 분배했으나, 토지 개혁의 혜택을 기대하던 농민들에게 돌아간 땅은 가족을 먹여 살리기에는 턱없이 부족했다. 농민 수백만 명이 도시로 이주했는데, 그들은 분노에 찬 성직자가 운영하고 전통적 시장 상인(바자리bazaari)들이 후원하는 모스크에 몰려들었다. 샤는 석유 수출국 기구의 세계 유가 인상을 지지하는 한편 (미국이 공급하는) 최신 무기를 사들이고 이란을 강제로 근대 국가로 재건하기 위해 마구잡이로 자금을 지출하고 차입했다. 하지만 이런 지출 때문에 물가가 천정부지로 치솟아 중산층과 산업 노동자의 복지마저 타격을 입었다. 샤는 바자리가 가격을 인상한 것에 책임을 돌렸으며, 많은 사람들을 투옥하여 원성을 샀다. 1970년대가 되자 성직자,

농민, 도시 빈민, 노동자 계급, 바자리, 전문직 중산층 등 사실상 이란 사회의 모든 부문이 샤에게 등을 돌렸다.

샤가 권력을 유지할 수 있었던 것은 첩보 기관, 가혹한 탄압, 미국의 지원 덕분이었다. 하지만 1977년에 지미 카터 대통령은 샤에게 통제를 완화하고 인권을 존중하라고 경고했다. 이 덕분에 샤에게 반대하는 파업과 대중 시위를 벌일 수 있게 되었다.

석유 노동자와 산업 노동자에게 영향을 미치고 싶어하는 공산주의자, 샤의 독재를 민주주의로 대체하고 싶어하는 자유주의적 지식인과 학생, 서구식 복장과 문화에 대한 샤의 호전적 지지를 증오하는 전통적 상인과 농민, 미국의 영향력을 끝장내고 싶어하는 민족주의자, 다양한 성직자 조직 등 수많은 집단이 반대 운동에 가담했다. 하지만 가장 영향력 있는 비판자는 아야톨라 루홀라 호메이니(Ayatollah Ruhollah Khomeini)였다. 호메이니는 샤를 비판한 죄로 1964년에 추방당했으며, 이라크의 시아파 성지 나자프에서 대부분의 시간을 보냈다. 망명 기간에 호메이니는 샤가 이란과 이슬람을 배반했다고 사정없이 비난했으며, 이슬람의 덕목과 민주주의, 이란식 민족주의를 아우르는 이슬람 공화국을 수립할 계획을 세웠다. 호메이니의 설교와 계획은 밀반입된 카세트테이프를 통해 이란 전역에 퍼졌다.

8. 이란의 이슬람 공화국 최고 지도자 아야톨라 루홀라 호메이니.

호메이니는 대규모 평화 시위를 장려했다. 그는 샤의 병사들이 평화 시위를 벌이는 일반인을 계속 공격하지는 않으리라 믿었다. 처음에는 예상이 어긋났다. 1978년에 이란 전역으로 시위가 확산되자 샤는 무력을 동원하여 수백 명을 살해했다. 하지만 호메이니는 이 상황을 이용하여 희생자들을 순교자로 선언했으며 이들을 애도할 또다른 시위를 벌이라고 요청했다. 이로 인해 규모가 훨씬 더 큰 시위가 잇따르자 1978년 9월 8일 '검은 금요일'에 샤는 계엄을 선포했으며 그의 군대는 비무장 시위대 수천 명을 학살했다. 노동자들은 대규모 파업을 벌여 석유 산업을 마비시킴으로써 경제에 타격을 가했다. 그러자 카터 대통령은 샤에게 무력 사용을 지지하지 않을 것이라고 말했다. 대규모 거리 시위가 몇 주째 벌어지자 1979년 1월에 샤는 이집트로 떠났으며 2월에 호메이니가 귀국했다.

10월에 샤는 암 치료를 위해 뉴욕을 방문하여 이란인의 분노를 샀다. 호메이니는 미국을 '대(大)사탄'이니 '이슬람의 적'이니 하며 비난했으며, 미국이 1953년에 그랬듯 샤의 복위를 추진할지 모른다고 우려했다. 그리하여 11월 4일에 이란인 수천 명이 미국 대사관을 공격했다. 미국인 66명이 인질로 잡혔으며 1981년 1월에 카터 대통령이 물러날 때까지 억류되었다.

　1980년 9월에 이란의 급진 시아파 공화주의 이념이 확산되는 것을 우려하고 이란이 혁명으로 약해졌다고 판단한 이라크가 이란을 침공했다. 호메이니와 성직자들은 이런 위기 속에서 오히려 권력을 탄탄히 다졌다. 1981년에 이란의 자유주의자 대통령 아볼하산 바니사드르(Abolhassan Bani Sadr)가 권좌에서 밀려나 프랑스로 달아났다. 그즈음에 혁명을 지지하던 좌파는 상당수가 범법자로 몰렸으며 많은 사람이 감옥에서 살해당했다. 마침내 또다른 성직자 세예드 알리 하메네이(Seyed Ali Khamenei)가 대통령이 되었다. 이란은 소년병 인해전술을 동원하고 새로 창설된 혁명 수비대로 이를 보강하여 이라크를 격퇴했다. 하지만 전쟁이 1988년까지 이어지면서 수십만 명이 순교자가 되었다.

　1989년에 아야톨라 호메이니가 죽자 세예드 알리 하메네이가 뒤이어 최고 지도자가 되었다. 1989년 이후로 이란 지도부는 (상대적인) 실용주의자와 더 보수적인 이슬람주의자로 나뉘어 있었다. 개혁주의자 대통령 모하마드 하타미(Mohammad Khatami)가 통치한 1997년부터 2005년까지 혁명은 더 온건한 길을 추구했으며 학생과 몇몇 저명한 아야톨라[시아파 종교 지도자―옮긴이]가 실용주의자들을 지지했다. 하지만 2005년 마무드 아마디네자드(Mahmoud Ahmadinejad)의 대통령 당선은 더 호전적인 이슬람주의 정권으로의 복귀를 알리는 신호탄이었다.

2009년에 실용주의자 연합은 아마디네자드에게 맞서 개혁파 후보를 지지했으며 선거 분위기는 온건파에 우호적이었다. 하지만 노골적 선거 조작 의혹과 함께 아마디네자드의 승리가 선언되었다. 수백만 명이 선거 결과에 항의하여 테헤란에서 평화 시위(이른바 녹색 혁명)를 벌였다. 그러나 하메네이와 혁명 수비대, 보수파 성직자는 꿈쩍도 하지 않았으며 수비대와 민병대가 시위대를 진압했다. 이란은 유럽과 미국이 경제 제재를 가하고 강화했음에도 이에 굴하지 않고 핵 기술 개발을 고집했다.

2013년에 실용주의자 진영의 아야톨라 하산 로하니(Hassan Rouhani)가 국민의 압도적 지지로 대통령에 당선되면서 흐름이 바뀌는 듯했다. 이란 국민은 변화에 표를 던졌다. 하지만 로하니가 취임 선서를 하고 나서도 이란은 미국과 여전히 적대적 관계였으며, 계속해서 중동 전역의 이슬람주의 단체를 지지하고 핵 물질 생산 능력을 확대했다. 이란 정권은 핵 발전 추진을 비롯한 모든 활동이 평화적 목적이라고 주장하지만, 시리아와 바레인의 혁명 분쟁에 관여하고 레바논 헤즈볼라, 이라크와 아프가니스탄 등의 시아파 집단을 지원하는 것을 보면 시아파 이란이 대중동 권역(greater Middle East)의 주도권을 놓고 수니파 나라들과 경쟁하기 위해 전략적 투쟁을

벌이고 있음을 알 수 있다. 따라서 이상적 이슬람 혁명의 본거
지가 되려는 이란의 열망은 아직 완전히 표출되지 않았는지
도 모른다.

제 9 장

색깔 혁명: 필리핀, 동유럽, 소련, 우크라이나

가로등 기둥에 매달린 희생자, 게릴라전, 테러, 내전, 국제
분쟁 같은 혁명의 표상을 보면 혁명을 폭력적 사건으로 여기
게 된다. 하지만 정부를 무너뜨리는 방법은 폭력만이 아니다.
파괴적인 비폭력 운동으로도 정권이 무너졌다. 여기에는 행
진, 총파업, 공공장소 점거, 정부 명령 거부 등이 있다. 군인을
자기편으로 끌어들이려는 노력이나, 부패와 불법을 폭로하는
활동도 필수적이다. 정부에서 자원을 빼앗고 군의 이탈을 유
도하고 폭넓은 반대파 연합을 구축하고 외국 세력이 정부를
포기하거나 압박하도록 한다면 이 같은 노력이 성공을 거둘
수 있다.

비폭력 저항이 가장 효과를 발휘하는 때는 통치자가 민주

적 외세의 지원에 의존하는데 외세가 평화적 저항에 대한 무자비한 탄압을 용납하지 않고 기존 정권을 지탱하는 데 전전긍긍하지 않을 경우다. 간디가 영국에 맞서 인도 독립운동을 성공적으로 이끈 비결은 평화 시위를 잔인하게 진압하는 것에 대해 영국 국민이 반감을 느꼈고 간디의 추종자들이 영국산 제품을 불매하여 영국에 큰 피해를 입혔기 때문이다. 이란의 샤에게 무기와 신용을 대주던 지미 카터 미국 대통령이 샤에게 무시무시한 첩보 기관(SAVAK)을 폐지하고 통치에 저항하는 반대파의 평화 시위를 허용하라고 요구하자 샤는 이와 비슷한 난감한 상황에 처했다.

충성스럽고 단호한 군대가 재정적으로 탄탄하고 독립적인 정부를 지지한다면 비폭력 저항은 대체로 실패하며 무자비하게 진압된다. 2009년 이란의 성직자 통치에 맞선 녹색 혁명, 1988년 버마의 친(親)민주주의 봉기, 1989년 중국의 톈안먼 광장 봉기 등이 이런 운명을 맞았다.

하지만 1980년대 중엽 이후 여러 요인 덕에 비폭력 저항으로 정권을 무너뜨릴 가능성이 커졌다. 첫째, 정권을 구성하는 선거에 정당성을 요구하는 방향으로 국제 규범이 확고히 변화했다. 심지어 독재자도 선거를 치러야겠다는 필요성을 느꼈다(승리를 위해 선거 결과를 조작하는 경우도 많았지만). 필리핀에서 우크라이나에 이르기까지, 부정 선거를 규탄하는 시위는 정권 교체를 이루는 강력한 운동이 되었다. 둘째, 휴대 전화, 유튜브, 페이스북, 트위터, 그 밖의 소셜 미디어, 국제 케이블 텔레비전을 비롯한 새로운 대중매체 덕분에 반대파가 정권의 만행에 대한 증거를 손에 넣고 유포하기 쉬워졌다. 셋째, 비폭력 저항 방식을 훈련하는 국제 운동가 네트워크가 등장하면서 반대 운동이 힘을 얻었다. 마지막으로, 냉전이 종식되면서 미국을 비롯한 열강은 외국 국민의 염원에 반하여 통치자를 앉혀두고자 군사 개입을 하려는 의지가 약해졌다.

그 결과, 요 몇 년간 비폭력 혁명이 주류가 되었다. 비폭력 혁명은 '민주' 혁명이나 '선거' 혁명(대중 시위가 선거 운동에서 비롯했을 경우)으로 불리기도 하지만, 필리핀 혁명에서 단 노란 리본이나 우크라이나 혁명에서 단 오렌지색 리본처럼 반대파가 채택한 상징물을 따라 '색깔 혁명'으로 불리는 것이 더 일반적이다. 최근의 또다른 비폭력 혁명으로는 소련과 동유럽에서 일어난 반(反)공산주의 혁명이 있는데, 체코슬로바키아의 '벨벳 혁명'(1989년), 세르비아의 '불도저 혁명'(2000년), 조지아의 '장미 혁명'(2003년), 키르기스스탄의 '튤립 혁명'(2005년), 튀니지의 '재스민 혁명'(2011년) 등이 이에 해당한다.

필리핀의 '피플 파워' 혁명

1965년에 미인 대회 우승자를 아내로 두고 전쟁 영웅의 자격을 갖춘 총명한 변호사 페르디난드 마르코스(Ferdinand Marcos)가 필리핀 대통령에 당선되었다. 권력을 차지한 마르코스는 아내 이멜다를 마닐라 시장에 임명하고 자신의 형제자매를 요직에 앉혔으며 사촌을 국가정보국장에 임명하고 지인들에게 목재, 귀금속, 코코넛 농장 등의 짭짤한 권리를 넘겨주었다. 마르코스 일가는 어마어마한 부를 쌓았다. 이멜다는 명품 구두를 3000켤레 넘게 수집하여 입방아에 올랐다.

하지만 마르코스는 명민한 통치자이기도 했기에, 의회를 매수하여 자신을 지지하도록 했고 언론을 통제했으며 도로와 다리, 경기장 건설에 아낌없이 지출하여 대중에게 인기를 끌었다. 매표, 폭력, 부정 의혹으로 얼룩진 선거를 통해 마르코스는 1969년에 대통령으로 재선되었다. 1972년 9월에 마르코스는 계엄을 선포했다. 학생 봉기와 시골에서 확산되던 공산주의자들의 반란을 핑계로 삼았는데, 마르코스의 정보원이 폭력 사태를 꾸미기도 했다. 마르코스는 선거를 무기한 연기한다고 선언했으며, 인기 있는 상원 의원 베니그노 '니노이' 아키노(Benigno "Ninoy" Aquino)를 비롯한 정적을 체포하라고 명령했다. 아키노는 반역죄로 사형을 선고받고 8년을 복역하다, 미국에서 수술을 받기 위해 일시 출소했다.

마르코스는 계엄 초기에는 여전히 인기를 누렸다. 부유한 지주의 토지를 가난한 농민에게 재분배했으며 민병대를 무장 해제했기 때문이다(대부분 정적의 군대였다). 하지만 1970년대 후반에 경제가 침체하고 빈곤과 실업이 증가하면서 마르코스의 사치스러운 생활에 대한 반감이 커지고 인기가 시들었다.

1975년 이후로 마르코스는 더욱 군대에 의존했으며, 전문성을 갖춘 군인보다 충성스러운 정치군인에게 급료 인상과 진급 혜택을 베풀었다. 마르코스의 적들에 대한 체포와 고문이 점차 늘었다. 엘리트가 분열된 것도 마르코스에게 유리했다. 부유한 기업인과 지주는 마르코스의 경제 장악에 분개하고 민주주의의 회복을 바랐지만 누구를 지도자로 세울 것인지, 어떤 반대 전략을 취할 것인지에 대해서는 도무지 합의하지 못했다.

그러다 1983년에 마르코스가 제 무덤을 파는 치명적 실수를 저질렀다. 8월에 니노이 아키노가 귀국했다. 하지만 비행기에서 내려 필리핀 땅을 밟는 순간 총에 맞아 숨졌다. 아키노의 순교는 적의 결집과 군의 균열이라는 두 가지 결과를 낳았는데, 이는 마르코스에게 치명적이었다.

마닐라의 추기경 하이메 신(Jaime Sin)은 니노이의 미망인 코라손 '코리' 아키노(Corazon "Cory" Aquino)를 지지하는 반대 운동을 독려했다. 신 추기경을 비롯한 여러 종교 지도자들은 평화주의 단체인 국제화해친우회(International Fellowship of Reconciliation)를 초청하여 노동조합 지도자, 전문직, 학생, 성직자에게 시민 저항 기법을 훈련했다. 이와 동시에 국방부 장관 후안 폰세 엔릴레(Juan Ponce Enrile)와 초급 장교들은 군개혁운동(Reform the Armed Forces Movement, RAM)을 결성하여 반대파와 회합하기 시작했다. 미국 육군 사관 학교를 졸업했으나, 니노이 살해를 배후 조종한 마르코스의 심복 파비안 베르(Fabian Ver)에게 밀려 진급에서 고배를 마신 피델 라모스(Fidel Ramos) 장군도 군내 부패에 치를 떨었다.

니노이가 죽은 뒤에, 불안감을 느낀 기업인들은 돈을 외국으로 빼돌리기 시작했다. 니노이의 장례식에는 수십만 인파가 참여했으며 반(反)마르코스 시위와 파업이 몇 달간 계속되었다. 1970년대 초에 연평균 6.4퍼센트에 이르던 경제 성장률은 1983년 후반에 1.1퍼센트까지 떨어졌다. 10월에 마르코스는 필리핀이 국가 채무를 상환할 수 없으며 변제 기일을 조정해야 한다고 발표했다. 채무 위기 때문에 수입 석유와 식품이 부족해졌으며 물가가 50퍼센트나 뛰었다. 미국에 있는 마르코스의 지인들은 정치적 정당성을 강화하라고 그를 설득했다(태평양 최대의 미 공군 기지와 미 해군 기지가 마닐라에서 불과 80킬로미터 거리에 있었다).

마르코스는 1984년에 국회의원 선거를 치렀다. 수백만 페소를 찍어 뇌물로 뿌리고, 전국 언론을 쥐락펴락하고, 보안군에 유권자를 위협하라고 명령한 덕에 마르코스는 다시 한번자신의 당을 승리로 이끌었다. 마르코스는 승리에 도취되어1986년 2월에 새 대통령 선거를 치르기로 계획했다. 그에게는 선거의 결과를 좌우할 수 있으리라는 자신감이 있었다.

하지만 이번에는 반대파의 준비가 더 철저했다. 신 추기경이 신부와 수녀에게 지역 교구에서 선거 운동에 앞장서라고 독려한 덕에 '자유선거를 위한 전국 시민 운동(National Citizens Movement for Free Elections, NAMFREL)'은 전국에서투표장을 감시하고 투표함을 지킬 자원봉사자 50만 명을 조직했다. 이들의 조사 결과에 따르면 코라손 아키노가 낙승을거두었음이 분명했다. 그런데 2월 15일에 발표된 공식 투표집계에서는 마르코스의 승리가 선언되었다. 필리핀 주교 회의, 미국인 투표 참관인, 심지어 수십 명의 선거 관리 위원회개표원까지도 최종 결과가 잘못되었다고 지적했으며 득표 집계가 터무니없이 바뀐 것에 항의하며 개표소에서 퇴장했다.

이튿날 코리 아키노는 마닐라에서 200만 명이 운집한 집회에서 마르코스를 몰아낼 시민 불복종 운동을 촉구했다. 한편 엔릴레와 라모스는 군사 쿠데타를 모의하고 있었다. 이들은 2월 22일에 RAM 병사 수백 명과 함께 아기날도 기지를근거지로 삼았다. 그날 밤에 신 추기경은 가톨릭 라디오 방송

(Catholic Radio)에 출연하여 필리핀 시민에게 반란군을 지원하라고 호소했다. 이튿날 아침에 필리핀인 수십만 명이 기지를 둘러싸고 지지를 표현했다.

마르코스는 봉기를 진입하려고 전차 대대를 보냈다. 하지만 그들을 막아선 것은 잘 조직되고 사기충천하며 비폭력을 고수하도록 훈련받고 규율을 세운 군중이었다. 제일선에서는 수녀들이 묵주를 든 채 탱크 앞에 무릎을 꿇었으며 임신부, 할머니, 아이가 병사들에게 음식과 물을 건넸다. 병사들은 전진하고 발포하라는 명령을 받았음에도 평화로운 비무장 시민을 살해하기를 거부했다. 오히려 군중에 합류하기 시작했다. 이후 며칠에 걸쳐 80퍼센트 가까운 병사가 이탈했다. 텔레비전 노동자들은 마르코스의 성명을 방송하기를 거부했다. 2월 25일에, 권력이 떠났음을 깨달은 마르코스는 미국 행정부의 조언을 받아들여 하와이행 비행기에 올라탔다. 피플 파워(민중의 힘)가 승리했다.

동유럽과 소련의 반(反)공산주의 혁명

1944년에 독일군을 베를린까지 몰아낸 소련군은 동유럽을 깡그리 점령했다. 뒤이어 소련은 체코슬로바키아, 불가리아, 루마니아, 폴란드, 헝가리에서 공산당의 정부 장악을 지원했다. 또한 독일 내 점령 지역에—연합군이 점령중인 베를린 서부만 제외하고—새 공산 국가 동독을 세웠다. 변화가 늘 환영받은 것은 아니었다. 1956년 헝가리와 1968년 체코슬로바키아에서 공산 정권을 무너뜨리려는 평화적 운동이 벌어지자 소련은 탱크를 보내 이를 짓밟았다. 또한 동독인이 서쪽으로 달아나지 못하도록, 베를린을 가로지르고 동독을 두르는 벽을 세웠다. 그럼에도 비밀경찰과 소련군의 지원을 받고 경제와 언론, 운송, 고용을 장악한 공산 정권은 철권을 휘둘렀으며 반대를 용납하지 않았다.

이 정권들은 처음에는 제2차세계대전의 폐허를 재건하며 어느 정도 경제적 성공을 거두었다. 당이 주도하는 중앙 집중적 경제는 철강, 트랙터, 시멘트, 석유, 무기 생산의 증대를 목표로 삼았다. 서구의 디자인을 베끼고 개조하여 탄탄한 중공업 경제를 구축했다. 하지만 시장의 유인이나 개인 자유가 없었기에 결국 생산이 벽에 부딪혔다. 투자를 늘려 철강과 트랙터 생산을 늘려봐야 고장 나거나 부품이 없어 무용지물이 되었다. 석유, 시멘트 등의 물건은 시장 수요가 아니라 계획에 맞추어 생산되었다. 혁신적인 고급 소비재는 여전히 귀했으며 외국에서 수입해야 했다. 농업은 유럽이나 미국, 일본의 생산성을 결코 달성하지 못하고 참담한 실패를 겪었다. 미국의 군비 지출과 기술 발전을 따라잡기 위한 비용과 어려움은 늘어만 갔다.

1956년에 스탈린이 죽자 공산주의 지도자들은 개혁의 필요성을 절감했다. 30년 동안 엄격한 정치적 통제를 유지하면서도 서구로부터의 수입을 늘려 소비재 수요를 충당했다. 하지만 당 지도부가 좋은 수입품의 분배를 통제한 탓에, 1970년대 후반이 되자 어마어마한 부패가 발생했다. 수입을 위해 지출하면서 국가 부채도 치솟았다. 미하일 고르바초프는 1985년 소련 공산당(Communist Party of the Soviet Union, CPSU) 최연소 서기장으로 선출되었을 때 이미 원대한 변화를 계획하고 있었다.

고르바초프는 부패를 뿌리 뽑고 새 세대의 공산주의 지도자를 배출하고자 했다. 그가 선택한 도구의 두 축은 정보 흐름을 개방하여 부패한 소련 공산당 지도부의 잘못을 폭로하는 '글라스노스트'와 정부를 재편하여 더 많은 민주주의를 도입하는 '페레스트로이카'였다. 고르바초프는 사람들에게 기회를 준다면 효율과 개혁, 경제 발전을 추구하는 지도자를 선택할 것이라고 믿었다.

고르바초프에게는 안된 일이지만, 1980년대 후반에는 모든 공산주의 경제가 심각한 침체를 겪었다. 임금 동결, 엘리트의 부패, 서구에 훨씬 뒤처진 생활 수준 등에 대한 노동자의 불만이 팽배했다. 동유럽 공산권 전역에서 지식인과 노동자가 나

름의 '글라스노스트'와 '페레스트로이카'를 요구했으며 고르
바초프는 소련군이 개입하지 않을 것임을 분명히 했다.

폴란드에서는 그단스크의 숙련된 조선소 노동자들의 지휘
하에 노동자, 지식인, 성직자가 '연대자유노조(Solidarność)' 운
동을 벌였는데, 1981년 계엄으로 지하로 몰렸다가 1980년
대 중엽에 부활했다. 1988년에 대규모 파업이 벌어지자 폴란
드 정부는 (여전히 다수 의석을 얻을 수 있을 줄 알고) 선거를 새
로 치르는 데 합의했다. 그런데 연대자유노조가 모든 출마 지
역에서 승리한 데 반해 공산당 후보들은 무경쟁 의석을 확보
하는 데 필요한 50퍼센트의 득표율조차 거두지 못했다. 1989
년에 연대자유노조가 이끄는 새로운 의회가 정부를 장악했다.
조선소 노동자들의 지도자이자 연대자유노조 공동 창립인 레
흐 바웬사가 1990년에 대통령으로 당선되었다.

헝가리와 체코슬로바키아에서는 1989년 내내 수십만 명이
거리와 광장을 메우고 행진하며 변화를 촉구했다. 소련의 지
원이 끊기고, 지식인에게 버림받고, 평화 시위를 군사적으로
진압하고 싶지 않아서 이 나라의 지도자들은 (공산당을 권력에
서 밀어낼) 선거를 치르는 데 합의했다. 불가리아에서는 공산
당 내 개혁파가 군부와 정치국 일부를 장악하고 민주주의로
의 이행을 주도했다. 과대망상증에 걸린 니콜라에 차우셰스쿠
(Nicolae Ceauşescu)가 통치하던 루마니아에서는 수도의 군중

과 (뒤이어) 군대가 독재자에게 등을 돌리고는 그를 붙잡아 처단했다.

동독에서는 1989년 10월까지 가장 똑똑하고 훌륭한 수십만 명이 동유럽의 변화를 틈타 헝가리를 거쳐 서독으로 달아났다. 라이프치히와 동베를린 등의 도시에서 대규모 시위가 몇 주간 이어지고, 많은 부대가 이탈하거나 상관에게 독일 시민에게 발포하지 않겠다고 말하자 정부는 백기를 들고 서구로의 자유로운 이동을 허용했다. 11월 9일에 시민 수천 명이 검문소에 몰려들어 환호성을 지르며 베를린 장벽을 무너뜨렸다. 그로부터 몇 주간 공산주의의 통제가 와해했으며 1990년이 되자 동독이 서독에 통일되어 아예 사라졌다.

하지만 가장 극적인 변화는 소련에서 일어났다. 1986년에 체르노빌 핵 발전소에서 폭발이 일어나 우크라이나의 넓은 지역이 방사능 낙진으로 뒤덮이면서 소련 공산당의 위신이 추락했다. 사람들은 개혁 성향의 공산주의 지도자보다는 민족주의적 반(反)공산주의 정치인을 지지하기 시작했다. 아제르바이잔에서 에스토니아에 이르기까지 수백만 명이 소련의 민족 공화국에 대한 자율의 확대와 (심지어) 분리 독립을 요구하는 시위에 동참했다. 1987년에 러시아의 인기 있는 개혁파 지도자 보리스 옐친(Boris Yelstin)은 공산당 정치국에서 해임되었으나 1991년 6월에 러시아 연방 대통령으로 당선되었다.

9. 체코슬로바키아 프라하의 바츨라프 광장에 모인 군중. 이들이 벨벳 혁명을 일으켰다(1989년).

여전히 소련 공산당 총서기이던 고르바초프는 자신의 개혁이 가져온 결과가 달갑지 않아 이러한 흐름을 막으려 들었다. 그러나 러시아 전역에서 파업의 물결이 몰아치고 모스크바에서 수십만 명이 민주주의에 찬성하며 시위를 벌이자 1991년 봄에 그는 뒤로 물러나 각 민족 공화국에 훨씬 폭넓은 자율을 부여하는 새 헌법을 제안했다.

이를 용납할 수 없던 공산당, 군부, 비밀경찰의 강경파는 고르바초프를 몰아내고 개혁을 되돌리려고 쿠데타를 모의했다. 1991년 8월에 쿠데타 세력은 고르바초프를 크림에 있는 그의 여름 별장에 연금하고 모스크바를 장악하려 시도했다. 크렘린과 주요 텔레비전 방송국을 점거했으며 탱크를 거리에 진격시켰다. 그러나 옐친을 체포하는 데는 실패했다. 옐친의 호소에 따라 지지자들이 러시아 의회 의사당에 집결했는데, 이들은 바리케이드를 구축하고 쿠데타를 비난하는 유인물을 유포했다. 8월 20일에 쿠데타 지도부는 공수 부대, 3개 탱크 중대, 1개 헬리콥터 중대에 의사당을 공격하라고 명령했다. 하지만 핵심 군 장교들은 이 명령을 거부하고는 자신의 부대에 의사당에 접근하지 말라고 명령했다. 그러자 쿠데타 세력은 와르르 무너졌으며 러시아 국민과 군부 대다수는 옐친을 러시아 연방의 대통령으로 추대했다. 고르바초프가 모스크바로 돌아왔을 때 국가수반은 이미 옐친으로 바뀌어 있었다. 8월 24일에 고르바초프는 소련 공산당 총서기직을 사임했으며 이후 몇 달에 걸쳐 소련은 와해했다. 9월에서 12월에 이르기까지 전(前) 소비에트 사회주의 공화국들은 하나둘 국민투표를 거쳐 독립 국가가 되었다.

우크라이나의 오렌지 혁명

소련은 무너졌지만 모든 곳에서 같은 결과가 나타나지는 않았다. 동유럽에서는 대다수 나라가 제2차세계대전 이전에 민주주의를 경험했기에, 새 정권들은 유럽 연합에 가입시켜주겠다는 약속에 힘입어 자유·입헌 민주주의를 추구했다. 2013년이 되자 동유럽의 (알바니아와 옛 유고슬라비아 일부 지역을 제외한) 모든 공산 국가와 옛 소비에트 공화국인 라트비아, 리투아니아, 에스토니아가 가입 조건을 충족하여 유럽 연합의 일원이 되었다.

하지만 러시아는 권위주의의 길로 돌아섰다. 공산당은 사라졌지만 옐친은 예측 불허의 지도자였다. 그의 통치하에서 러시아는 반란과 경제 위기로 휘청거렸다. 옐친의 뒤를 이은 옛 KGB 관료 블라디미르 푸틴은 러시아의 근대화를 계속 추진하면서 정부를 강화하겠다고 약속했다. 푸틴은 정부를 탄탄히 안정시키고 경제를 회복시켰지만, 이 과정에서 신흥 부호 '올리가르히' 몇 명과 손잡았다. 이들은 옐친 시절에 러시아의 천연자원과 경제를 집어삼키는 대가로 정치적 충성을 바친 자들이었다.

중앙아시아의 나머지 옛 소비에트 공화국과 캅카스에서도 옛 공산주의 실력자가 대통령이 되고 정실과 부패를 통해 권력을 유지하면서 경제 발전에 투자하는―성공은 제각각이었지만―비슷한 과정이 벌어졌다.

우크라이나 국민은 더 나은 결과를 바랐다. 1994년에 공학자이며 초창기에 공산당을 비판하던 레오니트 쿠치마(Leonid Kuchma)가 경제 개혁을 공약으로 내걸고 대통령에 당선되었다. 하지만 두번째 임기 때에 언론인을 잔혹하게 살해한 것을 비롯하여 여러 범죄와 부패에 연루되었다. 쿠치마는 2004년에 세번째로 출마하지 않고 총리 빅토르 야누코비치(Viktor Yanukovych)를 대통령 후보로 밀었다. 야누코비치의 맞수는 전직 총리 빅토르 유셴코(Viktor Yushchenko)였는데, 유셴코는 율리아 티모셴코(Yulia Tymoshenko)를 비롯한 개혁가들의 연합을 주도한 인물이다.

선거는 치열한 접전이었다. 쿠치마와 야누코비치는 정부와 언론에 대한 통제권을 휘두르며 반대파를 위협했다. 유셴코는 의문스러운 상황에서 독극물을 주입받았다. 얼굴이 심하게 일그러졌지만 목숨은 건졌으며 선거전에 복귀했다. 1차 투표에서 승자가 결정되지 않아 11월 21일에 결선 투표가 실시되었다. 출구 조사에서는 유셴코의 승리가 뚜렷했으나 텔레비전 방송에서는 놀랍게도 야누코비치가 앞섰다. 여러 지역에서 투표율이 갑자기 증가하여 90퍼센트를 웃돌았는데, 이중 90퍼센트 이상이 야누코비치를 지지했다. 부정 선거 의혹이 삽시간에 퍼졌으며 유셴코 지지자들이 항의 시위를 벌이기 시작했다.

11월 22일에 우크라이나의 수도 키예프의 마이단 광장에 시위대가 몰려들기 시작했다. 시위대는 유셴코의 선거 포스터 색깔인 오렌지색 리본을 달았으며 공정 개표를 요구했다. 며칠이 지나면서 군중은 100만 명 가까이까지 늘었다. 유셴코는 자신이 우크라이나의 진짜 대통령이라고 선언하고는 총파업을 호소했다. 지방 의회는 잘못된 선거 결과를 받아들일 수 없다며 반대표를 던졌다. 군부와 보안 부대도 분열되기 시작했으며 많은 부대가 유셴코에 대한 지지를 표명했다. 보안 부대가 이처럼 분열된 탓에 쿠치마는 감히 시위 진압 명령을 내리지 못했다. 하지만 야누코비치는 패배를 인정하지 않았다. 이후 열흘 동안 영하의 기온에서도 시위대 수십만 명이 주요 도시에 모여, 도둑맞은 선거에 항의했다.

12월 3일에 대법원은 선거 부정을 이유로 결선 투표를 무효화했으며 재투표를 명령했다. 12월 26일에 재투표를 치렀는데 1만 2000명 이상의 선거 감시단이 투표를 참관했다(상당수는 외국인이었다). 이 투표에서 유셴코는 52퍼센트 대 44퍼센트로 낙승을 거두었다. 유셴코는 2005년 1월에 대통령으로 취임했으며 티모셴코를 총리로 지명했다.

비폭력 혁명은 대체로 더 민주적인 정권을 탄생시켰으며, 이념에 주도된 혁명과 달리 막대한 경제적·인적 손실을 겪지 않았다. 하지만 색깔 혁명이 늘 해피엔드로 끝나는 것은 아니다. 특히 민주주의의 경험이 일천한 나라에서는 신뢰를 형성하고 좋은 통치 체제의 제도적 기틀을 닦는 데 시간이 걸린다. 새 지도자들은 허약한 제도의 유산, 분열된 엘리트, 불만스러운 국민을 상대해야 하는 경우가 많다.

필리핀에서는 코리 아키노가 여러 차례의 군사 쿠데타 시도를 겪으면서도 민주주의를 지켜냈다. 하지만 바라던 토지개혁을 이루지는 못했으며 부유한 엘리트의 영향력과 부패를 억누르지도 못했다. 아키노의 뒤를 이은 피델 라모스는 경제 호황과 함께 임기를 시작했다. 그러나 임기 끝 무렵에는 1997~1998년 아시아 경제 붕괴와 부패 혐의에 시달렸다. 라모스의 후임인 조지프 에스트라다(Joseph Estrada)는 부패 때문에 탄핵당했으며, 대통령직을 승계한 글로리아 마카파갈아로요(Gloria Macapagal-Arroyo)는 선거 부정으로 체포당했다.

러시아에서는 블라디미르 푸틴이 1999년 이후로 대통령과 총리를 번갈아 맡으며 권력을 지켰으며, 2012년 3월 선거를 치른 뒤로는 적어도 2018년까지 대통령직을 유지할 예정이다. 푸틴을 가장 격렬히 반대하던 적수들은 자리에서 밀려나거나 투옥되었으며 비판적 언론인들은 살해당했다. 부패가 만연하여 경제가 약해지고 정부의 정당성이 훼손되고 있다.

우크라이나에서는 유셴코가 옛 동지 율리아 티모셴코와 무익한 권력 투쟁을 벌이느라 대통령직을 제대로 수행하지 못했다. 2006년에 야누코비치가 총리로 복귀했으며 의원들은 유셴코를 버리고 야당 편으로 돌아섰다. 야누코비치, 유셴코, 티모셴코가 모두 출마한 2010년 대통령 선거에서 유셴코의 득표율은 6퍼센트 미만이었으며 야누코비치가 당선되었다. 다시 권력을 잡은 야누코비치는 언론 자유를 제한했으며 티모셴코를 구속하고 직권 남용 등의 범죄로 처벌했다. 오렌지 혁명을 일으킨 나라가 맞는지 의심스러울 정도였다.

이상의 사례에서 보듯 혁명을, 그것도 급속히 전개될 수 있는 혁명을 하는 것은 안정적 민주주의를 만들어내는 것과 별개이며, 후자를 이루는 데는 몇 년, 심지어 몇십 년이 걸릴 수도 있다. '색깔' 혁명을 치른 나라들은 대부분 민주주의로의 이행을 신속하고 확실하게 해내지 못했다. 오히려 경제 권력을 거머쥔 부패 엘리트, 약체 정당, 못 미더운 사법 체계, 파벌 싸움과 투쟁을 벌여야 했다. 많은 나라에서 퇴행과 권위주의적 경향이 나타났다. 따라서 색깔 혁명도 혁명의 일반 패턴에 들어맞는다. 옛 정권의 몰락은 혁명 과정의 출발에 불과하며 혁명이 온전히 전개되려면 몇 년, 아니 몇십 년이 걸리기도 한다.

제 10 장

2011년
아랍 혁명:
튀니지,
이집트,
리비아,
시리아

2013년 2월, 24년째 튀니지 대통령을 지내던 제인 엘아비디네 벤 알리(Zine El Abidine Ben Ali)가 사우디아라비아로 망명했으며, 결석 재판에서 무기 징역을 선고받았다. 30년 가까이 이집트 대통령을 지내던 호스니 무바라크(Hosni Mubarak)는 군 병원에서 체포되어 시위대 학살 혐의로 재심을 기다리는 신세가 되었다. 리비아를 42년 동안 통치한 무아마르 카다피(Muammar Gaddafi)는 자신의 정권을 무너뜨린 반란 세력의 손에 목숨을 잃었다. 43년간 대대로 시리아를 통치하던 바샤르 알아사드(Bashar al-Assad)는 알레포와 다마스쿠스 등의 주요 도시를 공격받고서 영토의 대부분을 상실한 채 포위되었다.

이 정권들이 갑작스럽게 무너지자 전 세계가 충격에 빠졌다. 이 혁명들은 난데없이 시작되었으며, 어떻게 끝날지 예측하기는 아직 이르다. 하지만 혁명의 발발에서 교훈을 얻기에는 시기상조가 아니다.

튀니지: 분신에서 혁명으로

아랍 혁명이 평화롭고 엄격히 통제되던 지역에서 아무 이유 없이 저절로 터졌다는 속설이 있다. 하지만 아랍 전역에서 비슷한 불만이 쌓이고 있었으며 파업과 시위가 10년째 끊이지 않았다.

아랍 사회는 중간 소득 지역 중에서 인구 증가율이 가장 높은 곳 중 하나다. 이 때문에 야심 찬 청년층이 엄청나게 증가한 반면에 농사지을 땅과 물은 감소했다. 이집트, 튀니지, 리비아, 시리아는 모두 아랍의 사회주의 지도자 가말 압델 나세르(Gamal Abdel Nasser)가 1950년대에 확립한 패턴을 따랐다. 그 목표는 교육, 식량, 연료 등의 필수품에 넉넉한 보조금을 주고 대학 졸업생에게 정부 일자리를 약속하여 지지를 얻는 것이었다. 하지만 인구가 급속히 증가하고 곡물 수입 의존도가 세계 최고에 이르자 목표를 추진하는 비용이 점차 증가하고 실현 가능성도 낮아졌다. 1990년대 초가 되자 각국 정부는 보조금을 삭감하기 시작했다. 2008년에 튀니지와 이집트에서 식량 가격 폭등에 이어 식량 폭동이 일어났으며 2010년에도 또 다른 가격 급등이 진행중이었다. 대다수 국민의 임금은 물가를 따라잡지 못했으며, 아랍 경제는 외국 자본을 유치하여 성장하기는 했지만 충분한 일자리를 만들어내지는 못했다. 아랍 나라들의 청년 실업률은 약 25퍼센트로 세계에서 가장 높았다. 이례적으로, 교육 수준이 가장 높은 집단의 실업률이 가장 높았다. 이들이 기대하는 전문직이나 정부 일자리를 얻으려면 여러 해를 기다려야 했다.

튀니지는 청년 교육에서 큰 걸음을 내디뎠지만, 수도 튀니스 밖에서는—특히 남부에서—빈곤이 만연했으며 기회는 가물에 콩 나듯 했다. 분노는 점차 벤 알리의 인적 정권에 집중되었다. 그의 일가는 부패로 악명이 높았다. 벤 알리의 통치하에서 경제 성장의 소득은 소수의 패거리에게 흘러들었으며 재계는 벤 알리 일가의 끊임없는 뇌물 요구에 신물이 났다.

벤 알리가 폭넓은 경제 성장이나 보조금으로 대중의 인기를 유지하기 힘들다는 것을 알게 되면서 경찰의 간섭과 횡포가 갈수록 심해졌다. 남부의 작은 도시 시디부지드에서 경찰이 젊은 과일 노점상 모하메드 부아지지(Mohammed Bouazizi)를 괴롭히고 그의 수레를 압수하고 그에게 모욕을 주었는데, 2010년 12월 17일에 부아지지는 경찰서 앞에서 분신했다. 벤 알리의 통치하에서 기회 박탈과 끊임없는 학대를 절감하던 튀니지인들은 부아지지의 행동에 공감했다.

이튿날 군중이 경찰서에 모여들자 벤 알리 정권은 군중에게 발포하여 여러 명을 사살했으며 도로를 차단하고 언론을 검열하여 시위를 봉쇄하려 했다. 하지만 사건을 감추는 것은 더는 간단한 문제가 아니었다. 정권은 국영 텔레비전, 라디오, 신문, 대다수 인터넷 사이트를 엄격히 검열했지만, 페이스북은 단순한 불만 배출구로 여겨 내버려두었다. 튀니지는 중산층 비중이 상대적으로 컸기에 젊은 층의 페이스북 이용률이 북아프리카에서 가장 높았다. 시디부지드에서 벌어진 사건과 경찰의 만행에 대한 소식이 온라인으로 급속히 퍼졌으며, 이 사건을 접한 알자지라(AlJazeera)는 아랍권 전역에 방송을 내보냈다.

폭동은 금세 튀니지 남부 전역으로 확산되었다. 정권은 더 큰 탄압으로 대응했는데, 이 또한 페이스북과 위성 텔레비전으로 전파되어 전국적으로 분노에 불을 붙였다. 많은 단체들이 정권 반대 시위를 지지하고 나섰다. 광부, 교사, 그 밖의 노동자를 대상으로 수년간 소규모 파업을 조직하던 튀니지 노동조합 총연맹(Tunisian General Labor Union)이 대도시에서 전국 파업을 조직했다. 인터넷 운동가 수천 명이 페이스북과 트위터상에서 혁명에 동참했으며, 변호사, 언론인, 심지어 랩 음악인까지 정권을 공개적으로 비판했다.

전 세계 뉴스 언론은 튀니지 투쟁을 인터넷에 능하지만 탄압에 시달리는 국민 대 탐욕스럽고 부패한 통치자의 싸움으로 묘사했다. 상황이 이렇게 흘러가자 벤 알리의 전통적 우방인 프랑스와 미국도 그를 돕기 위해 나서지 않았다. 튀니지 봉기에 이슬람주의자들이 개입하지 않은 것은 다행이었다(일찍이 벤 알리는 주요 이슬람주의 정당 나흐다Ennahda를 짓밟고 지도부를 추방했다). 이슬람주의의 위협이 눈에 띄지 않자 서방 세계는 늙은 독재자에게 저항하는 젊은 시위대를 기꺼이 응원했다.

1월 초가 되자 벤 알리의 유일한 활로는 군대를 동원하여 질서를 회복하는 것뿐임이 분명해졌다. 하지만 라시드 아마르(Rachid Ammar) 장군은 벤 알리에게 군은 전문 집단이며 튀니지 시민에게 발포하지 않을 것이라고 말했다. 부아지지가 절망에 빠져 분신한 지 한 달이 채 지나지 않은 2011년 1월 14일에 벤 알리는 가족과 함께 사우디아라비아로 달아났다.

이집트: 파라오가 쓰러지다

위성 방송이 튀니지의 시위 소식을 아랍권에 내보내자 다른 나라에서도 늙은 독재자에 대한 대중적 절망과 분노가 희망과 (튀니지와 비슷한) 시위 계획으로 바뀌었다. 하지만 아랍 통치자들은 혁명이 자기네 나라로 퍼지지 않으리라 확신했다.

이집트 외무부 장관은 혁명 우려를 '망상'으로 치부했다. 무바라크 정권은 방대한 경찰력과 고도로 전문화된 군대를 보유했기 때문이다. 또한 이집트는 이슬람주의 운동의 핵심 보루였으며 이스라엘과 평화롭게 지냈기에 무바라크는 늘 미국의 전폭적 지원을 받고 있었다. 게다가 이집트 군부는 정권과 깊이 결탁해 있었다. 1952년에 나세르가 이집트 군주제를 무너뜨린 이후로 모든 대통령은 장교 출신이었으며 군부는 여행, 소매업, 부동산을 비롯한 이집트 경제의 여러 부문에 깊이 관여했다.

하지만 이집트 정권도 허약하기는 마찬가지였다. 무바라크 대통령은 오랫동안 권력을 누렸으며 반드시 아들 가말에게 권력을 넘겨주려는 심산이었기 때문에 사람들은 가말을 일컬어 농담조로 '마지막 파라오'라고 불렀다. 더 중요한 사실은 가말이 군부의 일원이 **아니었다**는 것이다. 그는 석유, 철강, 금융 등의 분야에서 정부와 유착하고 외국의 투자를 빼돌려 막대한 부를 축적한 소수 억만장자 무리의 핵심이었다. 군 지도부는 젊은 민간인 예비 상속자를 불안스럽게 쳐다보았으며, 그가 군부의 평판과 핵심적인 국가적 역할, 경제 제국을 존중하고 지켜낼지 의심의 눈초리로 지켜보았다.

이집트의 경우 저항이 처음으로 일어난 것은 아니었다. 2008년에 '4월 6일 청년 운동'이 저항을 벌이다 정권에 진압

10. 이집트의 호스니 무바라크 대통령을 파라오로 묘사한 그림.

된 바 있었다. 정권은 어떤 반대에도 가차없이 대응했으며 청년 운동가들은 수시로 투옥되었다. 그중 한 명인 할레드 사이드(Khaled Said)가 2010년 6월에 알렉산드리아에서 경찰에게 맞아 죽었다. 끔찍하게 얻어맞은 그의 얼굴 사진이 페이스북에 유포되었으며 '우리는 모두 할레드 사이드다(We Are All Khaled Said)'라는 온라인 커뮤니티가 생겨 반(反)무바라크 동조자들의 거대 네트워크가 형성되었다. 하지만 대다수 이집트인은 여전히 머뭇거리고 있었다.

그러다 2011년 1월 25일에 반무바라크 세력이 국경일인 '경찰의 날'에 시위를 조직했다. 정권은 타흐리르 광장을 비롯한 주요 장소를 보안군이 철저히 순찰하도록 하는 등 만반의 채비를 갖췄다. 1월 25일 이후가 전과 다른 점은 최초의 시위가 벌어졌다는 것이 아니라 청년들이 주도한 시위에 많은 수의 일반 국민이 기꺼이 동참했다는 사실이다.

상황이 달라진 데는 세 가지 요인이 작용했다. 첫째, 이집트는 2010년 12월에 의회 선거를 치렀다. 2005년에 무슬림 형제단(Muslim Brotherhood)이 무소속으로 출마하여 88석을 얻은 바 있었다(이들의 정당은 공식적으로 활동이 금지되어 있었다). 이때 무바라크는 형제단에 처참한 실패를 안겨주기로 마음먹었다. 그래서 이번에는 체포, 언론 캠페인, 자금줄 공격 등 모든 수단을 동원하여 자기 당이나 자기편이 거의 모든 의석을 차지하도록 했다. 선거를 통한 개혁의 희망을 무바라크가 완전히 짓밟았기에, 변화를 이룰 방법은 저항뿐이었다. 둘째, 비폭력 혁명으로 슬로보단 밀로셰비치(Slobodan Milošević)를 권좌에서 몰아낸 경험이 있는 세르비아의 오트포르(Otpor!) 청년 운동['오트포르'는 '저항하라'라는 뜻—옮긴이]에 속한 비폭력 시민 저항의 전문가들이 이집트의 4월 6일 청년 운동 참여자들을 훈련시켰다. 이들은 1월 25일 시위를 조직한 사람들에게 규율 있는 비폭력을 유지하고 군인과 경찰에게 친구이자 동포로서 다가가는 것이 중요하다고 가르쳤다. 셋째, 가장 중요한 요인은 거리 시위로 벤 알리를 권좌에서 몰아낸 튀니지의 사례를 본보기로 삼았다는 것이다. 이집트인들은 튀니지인들이 할 수 있다면 자신들도 할 수 있으리라고 생각했다.

1월 25일 카이로에서는 사람들이 사방에서 타흐리르 광장에 모여들었다. 군중은 금세 수만 명까지 불었다. 알렉산드리아 쿠르니시에는 더 많은 군중이 운집했다. 그뒤로 나흘 동안 공공장소의 통제권을 놓고 경찰과 시위대가 치열한 싸움을 벌였다. 혁명이 완전히 평화적이지는 않았다. 경찰서와 교도소가 불탔으며 시위대가 경찰을 공격했다. 하지만 1월 28일이 되자 경찰이 결국 후퇴했다. 사람들의 수가 엄청나게 늘었고 한 발자국도 물러서려 하지 않기 때문에 경찰로서도 중과부적이었다. 군대의 탱크와 헬리콥터를 동원하지 않고서는 광장을 청소할 수 없었다.

1월 28일 저녁에 타흐리르 광장에 군 투입 명령이 내려졌다. 하지만 군은 자국민에게 발포하기를 거부했다. 병사들은 광장을 둘러쌌지만 그곳에 진을 친 시위대에게 아무런 조치도 취하지 않았다. "군대와 국민이 한편이다"라는 외침이 거리에 울려퍼졌으며, 무슬림 형제단은 이제 반대파에 동참하여 자신의 조직과 인력을 투입했다.

군이 군중 해산을 거부하자 끝이 보이지 않는 위기가 닥쳤다. 끊임없이 대화를 주고받던 미국과 이집트 군부는 평화적 이행을 모색했다. 하지만 무바라크 대통령은 하야를 거부했다. 시위대는 무바라크가 퇴진할 때까지 타흐리르 광장을 점거하기로 마음먹고 천막과 바리케이드를 쳤다.

2월 10일, 무바라크 대통령이 사임하리라는 기대가 팽배한 가운데 그는 임기가 끝나는 9월까지 권력을 유지할 것이라며 장광설을 늘어놓았다. 이튿날 대규모 파업이 일어나 알렉산드리아에서 상(上)이집트까지, 카이로에서 수에즈까지 이집트 전역이 마비되었다. 질서가 무너지는 것을 본 군부가 무바라크를 공직에서 물러나게 했다. 군 최고위원회에서 정부를 접수했으며, 총선과 대선을 치른 뒤에 민간 정권에 권력을 돌려주겠다고 약속했다.

리비아: 폭군의 죽음

1969년에 군사 쿠데타로 권좌에 오른 무아마르 카다피는 궁극적인 인적 통치자였다. 석유 산업을 국유화한 카다피는 공식 정부가 거의 필요하지 않았다. 그 대신 석유로 거둔 어마어마한 부를 이용하여 자신의 괴상한 철학인 '자마히리야 (Jamahiriyah)'〔'인민의 국가'라는 뜻—옮긴이〕를 따르는—이에 따르면 리비아는 총인민위원회(General People's Committee)가 통치하는 혁명 국가가 될 터였다—족벌·정실 국가를 세웠다. 하지만 실제로는 카다피가 모든 국가적 결정을 내렸으며 자신의 명령으로 통치했다.

카다피는 자신을 아랍 사회주의자이자 민족주의자로 여겨 빈곤층에 보조금을 주고 중등 교육과 대학 교육을 확대했다. 하지만 여느 인적 국가와 마찬가지로 경제적 혜택을 자신의 일가와 심복들에게 몰아주었기 때문에 대다수 국민은 임금 정체와 고실업에 시달렸다.

2011년 2월에 리비아 청년들이 민주주의를 요구하는 평화 시위를 주도했다. 동부의 도시 벵가지에서 벌어진 시위의 규모가 가장 컸는데, 역사적으로 이곳 주민들은 서부 지역 및 리비아 수도 트리폴리와 사이가 좋지 않았다. 카다피는 당장 시위를 진압하려 들었다. 시위대를 발견 즉시 발포하라는 명령이 군에 떨어졌으며, 첫 주에 수백 명이 사살되었다.

군의 동원이 튀니지나 이집트보다 리비아에서 훨씬 더 효과적이었던 이유는 무엇일까? 사실 리비아의 전문 군대는 튀니지와 이집트의 군대와 마찬가지로 동포에게 발포하지 않으려 했다. 대부분 반란에 가담하거나 탈영하거나 막사에 머물렀다. 하지만 리비아는 튀니지나 이집트와 다른 점이 두 가지 있었다. 첫째는 석유 권력이었다. 카다피는 석유 덕분에 막대한 재원을 직접 주무를 수 있었다. 그는 이 부를 이용하여 사하라 이남 아프리카 출신의 용병을 사병(私兵)으로 삼았는데, 규모가 정규군의 두 배를 웃돌았다. 이 부대는 리비아 시위대를 학살하는 데 전혀 거리낌이 없었다. 둘째, 리비아는 오랫동안 국가가 아니라 부족 사회였다. 카다피의 아들들이 지휘하고 그의 부족에서 주로 모집한 특수 부대인 '정권 수호대'가 특히 충성스러웠다. 이들은 다른 지역 출신의 리비아인들과 맞서 끝까지 싸울 작정이었다.

벵가지에서는 정규군이 막사에 머물러 있었으며, 2월 20일이 되자 시위대가 경찰을 물리치고 도시를 장악할 수 있었다. 하지만 다른 지역에서는 카다피의 탱크, 대포, 공군력이 도시를 굴복시켰다. 이들은 트리폴리에서 시작하여 동쪽으로 석유 중심지인 라스라누프와 브레가를 거쳐 재빨리 벵가지로 향했다. 카다피와 그의 아들 사이프는 벵가지에서 반란 가담자를 전부 죽이겠다고 위협하면서, "나를 사랑하지 않는 자는 살 자격이 없다"라고 말했다. 이미 수천 명이 목숨을 잃은 상황에서 3월 초가 되자 카다피의 병력은 벵가지를 탈환하기 위해 학살을 감행할 채비를 갖췄다.

위성 텔레비전과 소셜 미디어 덕에 전 세계가 시위대를 지켜보고 이들에게 동조했다. 3월 18일에 유엔 안전보장이사회는 학살을 중단시키기 위해 무력 사용을 허가하는 결의안을 통과시켰다. 나토의 공습이 지상에서 카다피의 대포와 탱크를 공격하고 공중에서 그의 비행기와 헬리콥터를 쓸어버리기 시작했다.

나토가 대(對)카다피 전쟁에 참전하자―이제는 반란이 내전으로 치달은 상황이었다―반란 세력은 정당성을 얻었으며 더 효과적으로 결집할 수 있었다. 3월 말엽에 반란 세력은 나토의 공군력을 등에 업고 일련의 역공을 전개했다. 이후 몇 달간 반란 세력은 리비아 중부 해안에 있는 주요 석유 시설을 탈환했으며 카다피는 끊임없는 탈영 행렬로 세력이 약해졌다. 7월 말엽에 서부 산악 지대의 베르베르족이 제2전선을 형성하고 남쪽에서 트리폴리를 공격했으며 벵가지를 중심으로 한 반란 세력은 동쪽에서 공격했다. 8월에 양면 공격이 큰 성과를 내자 카다피의 용병은 사기가 떨어져 급속히 와해되었으며 상당수는 국경을 넘어 차드, 니제르, 말리로 달아났다. 10월이 되자 반대파가 리비아 전역을 장악했다. 카다피는 트리폴리 외곽의 배수관에 숨어 있다가 붙잡혀 살해당했다.

시리아: 내전으로 전락하다

아랍의 여느 인적 정권과 마찬가지로 시리아는 부패하고 미움받는 족벌 통치, 극심한 불평등, 좌절한 청년층의 팽창 등을 겪고 있었다. 하지만 통치자 바샤르 알아사드는 스스로 끄떡없다고 생각했다. 그는 튀니지와 이집트의 친서방 정권과 달리 이스라엘에 반대하여 인기가 있다고 자처했다. 시리아도 여전히 종파적 부족 사회였다. 알아사드의 가문은 규모가 작고 결속력이 강한 시아파 소수파인 알라위파 출신으로, 알아사드는 충성스러운 알라위파 장교로 군부를 채웠다.

그럼에도 다른 아랍 혁명에 용기를 얻고 특히 3월에 카다피에 대한 나토의 개입에 고무된 시리아 청년들은 비폭력 저항 운동을 시작했다. 처음에는 남부의 작은 도시 다라에서 시위가 벌어졌다. 알아사드가 자제력을 보였다면 반대 운동을 적당히 억제할 수 있었을지도 모른다. 하지만 튀니지에서와 마찬가지로 최초 시위에 대한 정권의 무차별적이고 무자비한 대응이 유튜브에 올라오고 (정권의 변화를 갈망하는) 해외 시리아인들을 통해 전파되어 위성 텔레비전으로 금세 전국에 퍼졌다.

상업 중심지 알레포와 수도 다마스쿠스는 처음에는 고요했다. 시위 규모가 커진 소도시에는 군대가 파병되었다. 병사들은 시위대가 반역자이며 외국 지하드주의자라는 말을 들었다. 하지만 자신들이 시리아의 일반 국민을 살해하라고 파병된 것을 알게 되자 많은 병사가 발포를 거부했다. 일부는 지휘관에게 처형되었으나, 이탈자 수는 오히려 늘기만 했다.

2011년 후반이 되자 정권은 전략을 바꿨다. 군대를 보내 시위대를 지상에서 공격하는 것이 아니라 대포와 비행기를 동원하여 반란 지역을 폭격한 뒤에 충성스러운 알라위파가 지배하는 특수 부대를 보내 마무리했다. 이 전략은 효과적이었지만, 한 번에 많은 장소에서 이런 작전을 벌이기에는 군사력이 모자랐다. 반대파는 공격이 벌어지면 해산했다가 다른 지역에서 다시 집결하는 방식에 능숙해졌지만, 평화 시위는 알아사드에 맞서는 효과적 방법이 아님이 분명해졌다. 반란 세력도 전략을 바꿔, 무기를 탈취하고 탈영병을 중심으로 부대를 조직하여 내전을 벌이려 했다.

2012년 내내 확산된 저항은 알레포와 다마스쿠스에까지 이르렀다. 하지만 정권의 핵심 군사력은 굳건했으며 모든 공격을 격퇴했다. 반란 세력은 리비아에서처럼 세계가 개입하여 폭군을 쓰러뜨리기를 기다렸다. 그러나 헛된 기다림이었다. 중국과 러시아는 반대파를 지원하려는 유엔 결의안을 나오는 족족 무산시켰다. 미국과 유럽은 이 지역에 또 개입하기를 꺼렸다. 지상전이 이미 너무 복잡해진 탓에, 비행 금지 구역을 정하거나 아사드 군대를 표적 타격해서는 결정적 성과를 거둘 수 없었다. 서방 나라들은 반대파에 무기를 전달하기만 해서는 사망자가 더 늘기만 하고 무기가 지하드주의자들의 손에 들어갈까봐 우려했다. 한편 이란은 레바논 헤즈볼라에 대한 보급로를 보호하려는 의지가 확고했고 같은 시아파 정권을 지원하고 싶었기에 알아사드를 위해 개입하여 돈과 무기와 군사 자문단을 지원했다.

2013년 초가 되자 시리아의 투쟁은 본격적 내전으로 발전했으며 수만 명이 목숨을 잃고 종파 갈등이 점화되고 지하드주의자들이 지방의 권력 공백을 틈타 흘러들었다. 알레포와 다마스쿠스의 상당 지역이 폐허가 되었으며 전국에서 치열한 전투가 벌어졌다. 반란 세력이 서서히 힘을 얻었지만 알아사드는 사퇴할 의사가 전혀 없었다. 사망자가 줄어들 기미는 전혀 보이지 않았다.

아랍 군주국에서 혁명이 일어나지 않은 이유

튀니지, 이집트, 리비아, 시리아에서는 혁명이 일어나는 나라의 공통된 특징을 볼 수 있다. 이 나라들에서는 부패한 인적 정권이 엘리트를 소외하고 군부의 충성을 잃었으며 재정적·경제적 압박과 인구 증가가 국민적 불만을 부채질했다. 모든 경우에, 사면초가에 몰린 국민을 괴롭히는 탐욕스러운 통치자 일가를 고발하는 불의(不義)의 서사를 중심으로 폭넓은 반대 연합이 형성되었다. 카이로의 군중은 무바라크에게 이렇게 외쳤다. "당신은 최신 유행하는 옷을 입었는데 우리는 한 방에서 열두 명이 잔다!" 튀니지와 이집트에서는 군부가 정권 수호를 거부했으며 통치자가 금세 퇴출당하였다. 리비아와 시리아에서는 부족적·종파적 충성심으로 무장한 군 일부가 정권을 지켰지만 방어 능력에 한계가 있었다. 리비아에서는 나토에 의한 외부 개입 덕에 반란 세력이 몇 달 만에 카다피를 격퇴할 수 있었다. 하지만 시리아에서는 알아사드 정권을 편드는 외부 개입이 이루어져 정권이 계속 싸울 수 있었다. 따라서 이 혁명들의 원인과 과정은 유사 이래 혁명에서 관찰된 패턴을 따라 친숙하게 펼쳐졌다.

그런데 혁명이 일어나지 않은 아랍 나라들은 어떻게 된 것일까? 청년 팽창, 임금 정체, 이기적 엘리트에 대한 분노는 모로코에도 사우디아라비아에도 있었는데, 왜 혁명은 소수의 나라에서만 일어났을까?

첫째, 이 네 나라와 예멘(예멘에서도 시위대가 통치자 살레 대통령을 권좌에서 몰아냈다)만이 인적 정권이었으며, 정권의 만행이 전반적인 재계와 군부 엘리트를 소외하여 정권에 반대하는 분노가 지도자 한 명과 그의 일가 및 패거리에 집중될 수 있었다. 모로코, 요르단, 오만, 아랍에미리트, 사우디아라비아 같은 그 밖의 아랍 나라들은 대부분 군주제다. 이 나라들에서는 통치자가 총리를 쉽사리 희생양으로 삼고 개혁을 약속하여 자리를 보전할 수 있었다. 나머지 주요 아랍국인 알제리와 이라크는 최근에 내전을 겪으면서 반대파가 패배했다. 또한 산유국은 스스로를 지킬 막대한 자원이 있었으며 이를 이용하여 군부와 국민에게 보조금을 아낌없이 베풀었다. 마지막으로, 정권에 대한 국제적 지원이 철회되거나 정권에 반대하는 적극적 개입이 이루어진 곳은 튀니지, 이집트, 리비아뿐이었다. 시리아에서는 러시아와 이란이 정권을 지원했고, 바레인의 통치자는 사우디아라비아의 전폭적 지원을 받아 국민 저항을 무자비하게 탄압했으며, 모로코와 요르단에서는 통치자가 다른 아랍 나라로부터 재정 지원을 받았다.

2011년 아랍 혁명은 지역 내 몇 나라가 불안정 평형에 진입했을 때 혁명의 물결이 급속히 퍼질 수 있음을 똑똑히 보여준다. 하지만 이 지역을 하나의 전체로 바라보면, 혁명이 성공적으로 일어나려면 여러 조건이 맞아떨어져야 함을 알 수 있다. 실제로 북아프리카와 중동 전 지역에서 2013년 초까지 통치자를 몰아낸 나라는 튀니지, 이집트, 리비아, 예멘 네 곳뿐이다. 혁명을 일으키려면 다양한 조건이 맞아떨어져야 한다는 사실 때문에 혁명은 역사를 통틀어 드물고 특별한 사건이었다.

게다가 독재자를 몰아냈더라도 앞길은 가시밭길이었다. 네 나라 중에서 가장 평화롭게 혁명을 달성한 튀니지에서는 이슬람주의 정당(나흐다)이 세속 정당과 분권 합의를 이뤘으며 주요 정치 집단들이 새 헌법 제정에 협력했다. 하지만 심지어 그곳에서도 인기 있는 세속주의 정치인들이 암살되면서 협력이 위기를 맞기도 했으며, 민주주의가 확고하게 자리잡았다고 장담할 수는 없다.

리비아에서는 세속주의적·부족적·이슬람주의적인 민병대가 모두 독자적으로 활동하며 문민 통제의 국가 보안군 창설 노력에 찬물을 끼얹고 있다. 벵가지에서 미국 외교 사절에 대한 공격으로 미 대사가 목숨을 잃는 등 민병대의 폭력과 정치적 암살로 많은 도시가 갈가리 찢겼다. 카다피 치하에서 리비아 정부에 몸담은 인사를 새 정권의 공직에서 배제하는 새 법률 탓에 여러 장관이 사임했으며 노련한 관료를 어디서 찾을 것인지 의문이 제기되었다. 리비아에서 나라를 온전히 책임지는 정부가 탄생하려면 여러 달이 걸릴지도 모른다.

이집트 혁명은 밀월에서 대립, 대립에서 반혁명에 이르는 전형적인 혁명의 궤적을 따랐다. 무바라크가 쫓겨나자 새로 결성된 정당들이 환호성과 함께 봇물처럼 쏟아져나왔지만, 이집트 사회에 남은 집단 중에서 가장 고도로 조직화된 군부와 무슬림 형제단이 권력 투쟁을 벌이면서 정치가 변질되었다. 세속주의적 자유주의 집단은 초창기에 지도적 역할을 맡았음에도 풀뿌리 지지 기반이나 전국적 조직이 없어서 점차 소외되었다. 이집트의 사상 첫 자유선거에서 무슬림 형제단 후보로 대통령에 당선된 무함마드 무르시(Mohamed Morsi)는 의회, 사법부, 제헌 위원회를 이슬람주의자로 채우고 군부를 정치에서 배제하려는 의도를 드러냈다. 이는 대중적 반발과 군부의 보복을 불렀다. 무슬림 형제단이 근본주의 이슬람 정권을 강요하려 한다는 두려움이 커지고 대중이 군부를 지지하자 군부는 무르시를 퇴위시키고 비상법(非常法)을 통과시켜 다시 군정을 실시했다. 하지만 군부가 무슬림 형제단을 공격하는 과정에서 수백 명이 목숨을 잃었으며, 안정적 정권이 들어서기 전에 더 많은 급진 이슬람주의 단체와 더 많은 폭력이 등장할 것으로 예상된다.

마지막으로, 예멘에서는 인적 통치자 알리 압둘라 살레(Ali Abdullah Saleh)가 공직에서 물러났음에도 그의 후임자가 안정된 정부를 구성하고 나라를 통제하는 데 어려움을 겪고 있다. 정당 수백 개가 새로 결성되었으며 지방의 분리 운동이 되살아났다. 급진 이슬람주의 단체들은 각 지역에 본거지를 세우려 들었다(이곳은 미국 드론 공격의 표적이 되고 있으며 이 때문에 정부에 대한 반감이 더욱 커지고 있다). 예멘이 점차 새로운 중앙 정부를 만들어가고 있는지, 점차 혼돈으로 빠져들고 있는지는 두고보아야 할 것이다.

한마디로, 2011년 아랍 혁명의 결과가 어떨지 속단하기는 이르다. 단기적으로 확신할 수 있는 것은 아랍 혁명도 여느 혁명과 마찬가지로 전개되리라는 것이다. 이 나라들은 급진파와 온건파 사이에 권력 투쟁이 벌어지고, 외국의 개입이 핵심적 역할을 하고, 반항적인 지방이 중앙 정부의 권위를 받아들이지 않고, 탄탄한 정부가 구성되기까지 오랫동안 불확실성을 겪을 것이다.

제 II 장

혁명의 미래

내가 대학원생이던 1979년에 니카라과 혁명과 이란 혁명이 벌어지고 있었는데, 나는 혁명에 대한 들뜬 마음을 동료 학생들에게 표현했다. 우리는 이 혁명들이 매혹적이라고 느꼈지만, 그와 동시에 앞으로 남은 혁명이 더 있을지 의문이 들었다. 혁명은 주로 군주국과 제국에서 일어났는데, 이제는 남은 곳이 거의 없었기 때문이다. 공산 국가에서 볼 수 있는 중앙집권적 일당제 국가는 혁명에 면역력이 있는 것 같았다. 이란과 니카라과 같은 나라의 독재는 냉전이 지속되는 한 미국이 더욱 굳건히 지탱할 것처럼 보였다.

하지만 그뒤에도 혁명은 계속되었다. 굵직한 것만 예로 들더라도 남아프리카 공화국의 반아파르트헤이트 혁명, 페르디

난드 마르코스를 몰아낸 필리핀의 '피플 파워' 혁명, 폴란드의 연대 혁명, 체코슬로바키아의 벨벳 혁명, 동유럽과 소련의 반공산주의 혁명, 네팔의 마오주의 혁명, 우크라이나의 오렌지 혁명, 2011년 아랍 혁명 등을 꼽을 수 있다.

1980년대 이후 몇십 년간 세계정세를 형성한 것은 혁명이었다. 소련의 붕괴는 제1차세계대전 이후 러시아, 독일, 오스트리아-헝가리 제국의 붕괴만큼 중대한 사건이었다. 다양한 '색깔 혁명'이 성공하면서 비폭력 저항과 정권 교체의 좋은 본보기가 새로 제시되었다. 2010~2012년에 북아프리카와 중동을 휩쓴 혁명들은 수십 년째 이 지역을 지배한 미국, 아랍 국가, 이스라엘의 관계를 뒤흔들었다.

혁명의 지배적 유형에도 뚜렷한 변화가 일어났다. 이념에 주도된 급진파 정권을 낳은 혁명은 니카라과 혁명과 이란 혁명이 마지막이었다. 그뒤로 혁명은 약한 민주주의나 실용주의적 반(半)권위주의 정권을 낳았다. 최근 혁명은 비폭력적인 경우가 많았지만, 폭력적 게릴라 운동이 정권 교체를 위해 전투를 벌인 네팔이나 알아사드 정권에 맞서 투쟁하는 과정에서 수천 명이 목숨을 잃은 시리아에서 보듯 폭력 혁명도 여전히 일어날 수 있다.

미래의 혁명은 어떨까? 국가 붕괴로 이어지는 다섯 가지 조건─경제적 또는 재정적 위기, 엘리트의 분열과 정권으로부터의 소외, 다양한 불만을 품은 민중 집단의 연합, 설득력 있는 저항 서사의 등장, 혁명적 변화에 우호적인 국제 환경—이 맞아떨어진 정권에서는 여전히 혁명이 일어날 것이다. 이 조건들은 사하라 이남 아프리카에서 나타날 가능성이 가장 커보인다. 이곳에서는 인구가 빠르게 증가하고 있으며 많은 정부가 인적 정권이거나 허약하고 부패한 민주 정권이다. 중동, 중앙아시아, 남아시아와 동남아시아의 권위주의적 지도자들도 천연자원의 부가 바닥나 정실 정권을 떠받치기 힘들어지면 위태로워질 것이다. 심지어 공산 국가 중국에서도 다섯 가지 조건이 모두 나타나고 있다. 하지만 이 조건들이 맞아떨어져 갑작스러운 정권 붕괴로 이어질지, 아니면 이 조건들이 서서히 조성되어, 점증하는 국민적 압력이 정부를 탈바꿈시키고 사회에서 정부의 역할을 변화시키는 타협 혁명으로 이어질지는 분명치 않다.

역사에서 배울 수 있는 또다른 교훈은 대다수 혁명이 안정적 민주주의를 갑자기 만들어내리라 기대해서는 안 된다는 것이다. 혁명은 새로운 딜레마를 창조하며 새로운 권력 투쟁을 불러일으킨다. 대부분의 혁명은—심지어 1776년 미국 독립 혁명까지도—헌정(憲政)을 둘 이상 거쳤고, 소수자를 차별했으며, 민주주의를 향해 꾸준히 전진하기 전에 약한 정부에 치우치거나 권위주의적 경향으로 돌아섰다.

언젠가는 세계 모든 나라가 안정적이고 탄탄하고 포용적이고 정당한 정권을 가질 것이다. 그때가 되면 혁명은 전쟁의 영웅적 이야기와 국가·국민의 탄생 이야기와 더불어 역사 속으로 사라질지도 모른다. 하지만 그것은 먼 훗날의 일이다. 최근 들어 전 세계에서 민주주의의 수가 줄고 수준이 낮아졌다. 그러니 사람들은 여전히 사회 정의를 추구하여 정부를 전복하려고 조직화하고 새 정치 제도를 만들 것이다.

지난 30년간의 추세가 계속된다면 앞으로 비폭력 저항의 비중이 점차 커지고, 이념적 순수성을 사람의 목숨보다 중시하는 급진적 혁명의 공포를 점차 멀리하게 될 것이다. 그렇다면 미래에는 혁명에서 영웅주의가 두드러지고 공포를 겪는 일이 줄어들 것이라 기대할 수 있다. 하지만 그 목표를 이루려면 지금보다 더 많은 지혜가 필요할 것이고, 신앙과 인종이 다른 사람들이 서로 더 많이 협력해야 할 것이다.

참고문헌

제1장

Webster's New World Dictionary of Quotations (Hoboken, NJ: Chambers Harrap), http://quotes.yourdictionary.com/rochefoucauld.

제2장

Vladimir I. Lenin, "Lecture on the 1905 Revolution," in *Lenin: Collected Works* (Moscow: Progress Publishers, 1964), 23:253.

제4장

Alan H. Gardiner, *The Admonitions of an Egyptian Sage from a Hieratic Papyrus in Leiden* (Leipzig: J. C. Hinrichs'sche Buchhandlung, 1909), 16, 35, 53, 58.

Thucydides, *The Peloponnesian War*, [431 BCE], trans. Richard Crawley (New York: Random House, 1982, 198. (투퀴디데스, 『펠로폰네소스 전쟁사』, 천병희 옮김, 숲, 2011, 286쪽.)

제5장

George Macaulay Trevelyan, *England Under the Stuarts* (London: Routledge, 2002), 276.

English Bill of Rights 1689, "An Act Declaring the Rights and Liberties of the Subject and Settling the Succession of the Crown," http://avalon.law.yale.edu/17th_century/england.asp. (나종일 편역·해설, 『자유와 평등의 인권선언 문서집』, 한울아카데미, 2012, 227~231쪽.)

제6장

Oliver Cromwell, "At the Opening of Parliament Under the Protectorate," 1654, http://www.bartleby.com/268/3/11.html.

Patrick Henry, "Give Me Liberty or Give Me Death," March 23, 1775, speech to the Virginia House of Burgesses, http://www.nationalcenter.org/GiveMeLiberty.html.

Thomas Jefferson, "The Declaration of Independence," 1776, http://www.archives.gov/exhibits/charters/declaration_transcript.html. (나종일 편역·해설, 『자유와 평등의 인권선언 문서집』, 한울아카데미, 2013, 261쪽.)

Abbé Emmanuel Joseph Sieyès, "What Is the Third Estate?", originally published in Paris, France in 1789, http://faculty.smu.edu/rkemper/cf_3333/Sieyes_What_is_the_Third_Estate.pdf, 120. (E. J. 시에예스, 『제3신분이란 무엇인가』, 박인수 옮김, 책세상, 2003, 15쪽.)

Thomas Paine, *Common Sense*, Philadelphia, February 14, 1776, "Of Monarchy and Hereditary Succession," http://www.ushistory.org/paine/commonsense/sense3.htm. (토머스 페인, 『상식』, 남경태 옮김, 효형출판, 2012, 34쪽.)

"The Constitution of the Empire of Japan (1889)," Hanover Historical Texts Project, http://history.hanover.edu/texts/1889con.html. (한국어 번역은 http://www.7t7l.pe.kr/772를 참고했음.)

제7장

Fidel Castro, "History will Absolve Me," speech delivered 1953, Castro Internet Archive, http://www.marxists.org/history/cuba/archive/castro/1953/10/16.htm.

제10장

Cited by Marc Lynch, *The Arab Uprising* (New York: Public Affairs, 2012), 81.

ibid., 170.

Ann Ciezadlo, "Let them Eat Bread," *Foreign Affairs.com*, March 23, 2011, http://www.foreignaffairs.com/articles/67672/annia-ciezadlo/let-them-eat-bread#.

독서안내

혁명이란 무엇인가?

Foran, John. *Taking Power: On the Origins of Third World Revolutions*. Cambridge: Cambridge University Press, 2005.

Goldstone, Jack A. *Revolution and Rebellion in the Early Modern World*. Berkeley: University of California Press, 1991.

Goodwin, Jeff. *No Other Way Out: States and Revolutionary Movements, 1945-1991*. Cambridge: Cambridge University Press, 2001.

Katz, Mark N. *Revolutions and Revolutionary Waves*. New York: Palgrave Macmillan, 1999.

Moore, Barrington, Jr. *Origins of Dictatorship and Democracy*. Boston: Beacon Press, 1966.

Nepstad, Sharon E. *Nonviolent Revolutions: Civil Resistance in the Late 20th Century*. New York: Oxford University Press, 2011.

Parsa, Misagh. *States, Ideologies, and Social Revolutions: A Comparative Analysis of Iran, Nicaragua, and the Philippines*. Cambridge: Cambridge University Press, 2000.

Selbin, Eric. *Revolution, Rebellion, and Resistance*. London: Zed Books, 2010.

Skocpol, Theda. *States and Social Revolutions: A Comparative Analysis of France, Russia and China*. Cambridge: Cambridge University Press, 1979.

각 혁명들

DeFronzo, James. *Revolutionary Movements in World History: From 1750 to the Present*. 3 vols. Santa Barbara, CA: ABC CLIO, 2006.

Goldstone, Jack A., ed., *The Encyclopedia of Political Revolutions*. Washington, DC: CQ Press, 1998.

고대의 혁명

Forrest, William George. *The Emergence of Greek Democracy*. New York: McGraw-Hill, 1979. (윌리엄 포레스트, 『그리스 민주정의 탄생과 발전』, 김봉철 옮김, 한울아카데미, 2009.)

Ober, Josiah. *The Athenian Revolution*. Princeton, NJ: Princeton University Press, 1998.

Shaban, M. A. *The Abbasid Revolution*. Cambridge: Cambridge University Press, 1979.

Syme, Ronald. *The Roman Revolution*. Oxford: Oxford University Press, 2002. (로널드 사임, 『로마혁명사』, 허승일·김덕수 옮김, 한길사, 2006.)

르네상스와 종교개혁 시대의 혁명

Kishlansky, Mark. *A Monarchy Transformed: Britain 1603-1714*. London: Penguin, 1996.

Pincus, Steven. *1688: The First Modern Revolution*. New Haven, CT: Yale University Press, 2011.

Weinstein, Donald. *Savonarola: The Rise and Fall of a Renaissance*

Prophet. New Haven, CT: Yale University Press, 2011.

Worden, Blair. *The English Civil Wars 1640-1660*. London: Orion, 2009.

입헌 혁명

Bailyn, Bernard. *The Ideological Origins of the American Revolution*. Cambridge, MA: Harvard University Press, 1992. (버나드 베일린, 『미국 혁명의 이데올로기적 기원』, 배영수 옮김, 새물결, 1999.)

Doyle, William. *The Oxford History of the French Revolution*. Oxford: Oxford University Press, 2003.

Huber, Thomas. *The Revolutionary Origins of Modern Japan*. Stanford, CA: Stanford University Press, 1990.

Jansen, Marius B. *The Making of Modern Japan*. Cambridge, MA: Harvard University Press, 2002. (마리우스 B. 잰슨, 『현대 일본을 찾아서』, 김우영·강인황·허형주·이정 옮김, 이산, 2006.)

Kaiser, Thomas, and Dale Van Kley, eds. *From Deficit to Deluge: The Origins of the French Revolution*. Stanford, CA: Stanford University Press, 2010.

Klooster, Wim. *Revolutions in the Atlantic World*. New York: New York University Press, 2009.

Sperber, Jonathan. *The European Revolutions, 1848-1851*. Cambridge: Cambridge University Press, 2005.

Wood, Gordon S. *The Creation of the American Republic 1776-1787*. Chapel Hill: University of North Carolina Press, 1998.

공산혁명

Fitzpatrick, Sheila. *The Russian Revolution*. 3rd ed. Oxford: Oxford University Press, 2008.

Pérez-Stable, Marifeli. *The Cuban Revolution: Origins, Course and Legacy*. 3rd ed. New York: Oxford University Press, 2012.

Spence, Jonathan. *The Search for Modern China*. 3rd ed. New York: W. W. Norton, 2013. (조너선 D. 스펜스, 『현대 중국을 찾아서』, 김희교 옮김, 이산, 1998.)

Trotsky, Leon. *A History of the Russian Revolution*. Translated by Max Eastman. Chicago: Haymarket Books, 2008. (레온 트로츠키, 『러시아 혁명사』, 최규진 옮김, 풀무질, 2004.)

독재자에게 저항한 혁명

Booth, John. *The End and the Beginning: The Nicaraguan Revolution*. Boulder, CO: Westview, 1985.

Keddie, Nikki. *Modern Iran: Roots and Results of Revolution*. New Haven, CT: Yale University Press, 2006.

Kurzman, Charles. *The Unthinkable Revolution in Iran*. Cambridge, MA: Harvard University Press, 2005.

Womack, John. *Zapata and the Mexican Revolution*. New York: Vintage Books, 1968.

색깔 혁명

Ash, Timothy Garton. *The Magic Lantern: The Revolution of '89 Witnessed in Warsaw, Budapest, Berlin, and Prague*. New York: Vintage, 1993.

Aslund, Anders, and Michael McFaul, eds. *Revolution in Orange: The Origins of Ukraine's Democratic Breakthrough*. Washington, DC: Carnegie Endowment for International Peace, 2006.

Beissinger, Mark. *Nationalist Mobilization and the Collapse of the Soviet State*. Cambridge: Cambridge University Press, 2002.

Bunce, Valerie J., and Sharon L. Wolchik. *Defeating Authoritarian Leaders in Postcommunist Countries*. Cambridge: Cambridge University Press, 2011.

Kotkin, Stephen. *Armageddon Averted: The Soviet Collapse 1970-2000*. New York: Oxford University Press, 2008.

Thompson, Mark R. *The Anti-Marcos Struggle: Personalistic Rule and Democratic Transition in the Philippines*. New Haven, CT: Yale University Press, 2011.

2011년 아랍 혁명

Cook, Steven A. *The Struggle for Egypt: From Nasser to Tahrir Square*. New York: Oxford University Press, 2011.

Lynch, Marc. *The Arab Uprising: The Unfinished Revolutions of the New Middle East*. New York: Public Affairs, 2012.

역자 후기

 언제 혁명이 일어나도 이상하지 않을 것 같은 세상이지만, 혁명은 우리가 바라거나 예상하는 때에 일어나지 않는다. 혁명에는 인적·물적 조건이 필요하며 온갖 우연적 요소가 맞아떨어져야 한다. 시작된 혁명을 성공으로 이끌고 새로운 정부를 구성하는 일도 가시밭길이다. 대규모 유혈 사태만 빚고 실패로 돌아가는 경우도 부지기수다.

 혁명은 불안정한 사회에서 일어난다. 반란이나 파업이 일어나도 지배층과 피지배층이 기존 질서를 회복하려 드는 '안정 평형'의 사회에서는 혁명의 조건이 혁명으로 이어지지 않지만, 엘리트 집단이 불만을 품고 민중이 통치자에게 불만을 품고 부글부글 끓는 '불안정 평형'의 사회에서는 작은 소란이 체제를 무너뜨리기도 한다. 불안정 평형의 필요충분 요소는 다섯 가지가 있지만(35~39쪽) 막상 이 요소들이 갖춰졌더라도 당시에는 그 사실을 알기 힘들다. 혁명이 일어난 뒤에야 사후적으로 판단할 수 있을 뿐이다. 이러한 요소가 갖춰진 상황에서 다섯 가지 구조적 원인과 일시적 원인(41쪽)이 도화선에 불을 붙이면 혁명이 시작된다.

혁명의 1단계는 국가가 사회에 대한 통제권을 잃어 붕괴하는 것인데, 이는 중앙의 몰락과 주변의 약진이라는 두 가지 주요 패턴으로 진행되며(51쪽) 최근에 타협 혁명이라는 제3의 패턴이 등장했다(54쪽). 지도력도 혁명의 중요한 요소다. 선지자적 지도력과 조직가적 지도력이 혁명의 성패를 좌우하기도 한다. 혁명에는 막대한 희생이 따르기도 하지만, 혁명은 사회 발전의 중요한 계기가 되었다.

고대의 혁명, 르네상스와 종교개혁 시대의 혁명, 입헌 혁명, 공산혁명, 독재자에게 저항한 혁명, 색깔 혁명, 2011년 아랍 혁명을 차례로 들여다보면서 알 수 있는 것은 정권이 부패하고 불의가 횡행하고 분배가 불평등하고 신분 상승의 희망이 사라지면 언젠가는 민중의 억눌린 욕구가 봇물 터지듯 분출되리라는 것이다. 하지만 혁명에는 객관적 조건과 추진 동력이 필요하다. 혁명의 뜻을 품은 사람이든, 혁명의 기운을 억눌러 현체제를 유지하고자 하는 사람이든 이 책에서 교훈을 얻을 수 있을 것이다.

혁명은 혁명 세력이 바라는 대로 진행되거나 원하는 결과로 이어지지 않을 수도 있다. 하지만 불의한 상황을 올바로 인식하여 분노를 행동으로 승화할 수 있는 저항의 서사를 엮어내고, 민중의 에너지를 더 나은 사회의 건설을 위한 원동력으로 삼는다면 혁명의 성공 사례를 또하나 만들어낼 수 있으리라.

도판 목록

혁명

REVOLUTIONS

초판 인쇄 2016년 9월 9일
초판 발행 2016년 9월 19일

지은이 잭 A. 골드스톤
옮긴이 노승영
펴낸이 염현숙
편집인 신정민

편집 최연희
모니터링 이희연
디자인 강혜림
저작권 한문숙 박혜연 김지영
마케팅 방미연 최향모 오혜림 함유지
홍보 김희숙 김상만 이천희
제작 강신은 김동욱 임현식

제작처 한영문화사(인쇄) 한영제책사(제본)
펴낸곳 (주)문학동네
출판등록 1993년 10월 22일
제406-2003-000045호
임프린트 교유서가
주소 10881 경기도 파주시 회동길 210
문의전화 031) 955-1935(마케팅)
031) 955-2692(편집)
팩스 031) 955-8855
전자우편 gyoyuseoga@naver.com
ISBN 978-89-546-4229-3 03900

● 이 도서의 국립중앙도서관 출판예정도서목록(CIP)은
서지정보유통지원시스템 홈페이지(http://seoji.nl.go.kr)와
국가자료공동목록시스템(http://www.nl.go.kr/kolisnet)에서 이용하실 수 있습니다.
(CIP제어번호: CIP2016021164)

www.munhak.com